The Way Out
웨이아웃

조셉배너 지음

펴낸곳 서른세개의 계단

사색에만 빠진 철학은 삶과의 괴리를 만들고, 현실의 이익에만 눈을 돌린 자기계발은 삶의 의미를 잃고 방황하게 만듭니다. 그래서 실천적인 형이상학, 즉 현실에 도움이 되면서 삶의 의미를 명확하게 할 수 있는 책을 발간하고자 하는 것이 서른세개의 계단 출판사 목표입니다. 계속 좋은 책을 발간하도록 노력하겠습니다.

내려놓음, 완벽한 해결책
웨이아웃

by 조셉배너

서른세개의계단 출판사

JOSEPH S. BENNER

조셉 배너

(1872년 1월 3일 – 1938년 9월 24일)

일상과 진리의 조화

조셉배너

"Anonymous (익명)"

조셉배너의 책이 발간되었을 때 저자 이름은 항상 그랬다. 책은 베스트셀러였고, 엘비스 프레슬리를 비롯한 많은 이들이 이 책을 가장 영감 받은 책으로 꼽고 있을 때였지만 저자란에는 약력도, 이름도 아무것도 없었기에, 저자가 누구인지 아무도 알지 못했다. 저자의 사후에서야 겨우 "조셉 배너" 이름만이 알려졌을 뿐 그 외의 행적에 대해서는 모두 베일에 싸여 있었다.

서른세개의 계단에서 이 책을 번역 출간했던 2011년에는 저자의 사진조차 구하지 못했다. 그런데 최근에서야 그의 행적이 조금씩 알려지게 되었다.

조셉배너는 1872년에 태어났고, 제이에프 사이버링 회사(J.F. Seiberling & Co.), 피플 저축은행(People's

Savings Bank Company), 센트럴 저축은행(Central Savings Bank Company), 아콘 신탁은행(Akron Trust Company)에서 근무했다. 그리고 아콘 인쇄 회사의 최대 주주였고, 파이어스톤 타이어 고무회사(the Firestone Tire and Rubber Company), 아콘 시민 전화회사(Akron People's Telephone Company), 아콘 석탄 회사(Akron Coal Company), 글로브 간판 포스터 회사(Globe Sign and Poster Company), 하워 건축회사(Hower Building Company), 퍼머넌트 저축 융자 회사(Permanent Savings and Loan Company), 배넉 석탄 회사(Bannock Coal Company), YMCA(the Young Men's Christian Association)의 임원이었다. 그는 남은 경력동안 중앙 저축 신용 은행(Central Savings and Trust Company)의 간부로 남았다.

[위키피디아 발췌]

조셉 배너에 대한 자세한 행적에 관해서는 알지 못하지만, 그의 알려진 행적과 남겨진 글들로 유추해 볼 때, 그는 자신이 말한 바를 삶에서 그대로 실천했던 것으로 보인다. 실제 많은 부를 지녔으면서도 이것들을 내세우거나 자랑하지 않았으며, 무엇보다 작은 자아를 초월한 거대한 자아를 확고히 인지했었다.

그의 가르침의 핵심은 바로 이 거대한 자아를 확고하게 인지하는 것이다. 즉 작은 자아를 초월한, 신이라 불리기도 하고, 거대한 자아(the Great I AM)라고도 불리는 그것을 인식하는 것이다. 우리의 작은 자아가 투명해졌을 때, 즉 걱정, 두려움, 증오, 불신 등의 부정적인 먹구름을 사라지게 했을 때 그 뒤에서 항상 빛나고 있던 이 거대한 자아는 선명하게 우리에게 모습을 나타낸다. 그것은 우리에게 왜곡된 그림자를 사라지게 해서 풍요와 건강, 그리고 삶의 모든 해결책을 비춰준다는 것이 조셉배너 가르침의 핵심이다.

이런 조셉 배너의 삶과 가르침은 100년이 지난 지금도 진리를 찾고자 하는 많은 사람들에게 하나의 이정표가 되어주고 있다.

조셉배너가 남긴 책들

The Impersonal Life (1914)

Wealth (1916)

The Teacher (1919)

Brotherhood (1927)

The Way Out (1930)

The Way Beyond (1931)

The Way to the Kingdom (1932)

참조

2011년에 서른세개의 계단에서 출간했던 웨이아웃에는 [The Way Out], [The Way Beyond], [Wealth], [The Teacher]를 담고 있었으나, 이번 개정판에서는 [Wealth]와 [The Teacher]를 삭제하였다.

이유는 [The Way Out]과 [The Way Beyond]는 이어지는 시리즈이나, [Wealth]와 [The Teacher]는 서술방식과 주제가 달라, 오히려 [The Way Out]과 [The Way Beyond]를 관통하고 있는 주제를 산만하게 만들 수 있어, 나머지 부분은 삭제한 채 두권만을 묶어 출간한다.

발행인 서문

2006년 난 굉장히 우울한 상태였다.

사법고시 준비를 하다가 그만둔 상태였고, 나이 서른에 공익근무를 하고 있던 와중에 덜컥 결혼을 하였다. 가족의 생계를 책임질 준비가 전혀 되지 않았기에, 무엇으로 먹고 살아야 하나, 라는 걱정만을 매일 해야만 했다. 통장에 돈은 항상 밑바닥을 보이고 있었고, 당장 내야 할 고지서들은 밀려, 혹시 아내가 볼까 서랍 속에 감춰두곤 했다. 어떻게 하면 해결책을 찾을 수 있을까, 전전긍긍했다.

문제들을 풀기 위해 문제들을 더 열심히 마음에 꽉 붙잡고 있었더니, (그건 마치 문제를 고민하지 않고 있다는 것은 내 책임을 회피하는 것과 같았기에 더더욱 붙들고 있었다) 문제에 대한 해답을 얻기는커녕 계속해서 마음은 어둡고 음침해졌다. 즉 문제 본연의 속성인 어둠과 부정으로 물들어졌다. 게다가 비슷한 생각들을 끌어오는 법칙으로 인해 고민은 그것과 비슷한 부류의 더 많은 부정적인 생각들을 끌어오기 시작했다.

결국에는 무슨 생각을 떠올려도, "그래, 죽자! 이리

살아 뭐 하나."라는 생각으로까지 번져 나갈 정도로, 마음은 매우 약해졌다. 머리는 점점 더 아파지고, 간혹 심장에 통증까지 느껴졌다. 몸과 마음이 급격하게 쇠약해졌다. 이대로 방치하면 큰일이 날 것 같아, 하루는 조용히 앉아서 다짐했다.

**비록 지금 현 상태는 내가 어찌하지 못하지만
마음만이라도 고요하고 평화로운 상태에 놔야겠다.**

고요히 앉아 떠오르는 생각들을 천천히 관찰했다. 자세히 보니, 그것들은 걱정거리이거나 아니면 처음에는 단순한 생각이더라도 마음의 습관 때문에 걱정거리로 연결되는 것을 볼 수 있었다.
 "뭐를 먹고살아야 하나?"
 라는 직설적인 걱정에서부터,
 "이런저런 사업을 해보는 것은 어떨까?"
 "이런 것을 하는 데에는 얼마나 돈이 필요한 거지?"
 "늦었지만 다시 시험을 준비해 볼까?"
 라는 미래에 대한 고민들. (나는 이것을 위장된 부정적 생각이라고 부르는데, 그 이유는 건설적인 고민처럼 보일

수 있지만, 마음을 잘 살펴보면 실상 어둡고 부정적인 생각들을 불러내는 것을 볼 수 있기 때문이다)

그리고

"이런 식으로 계속 살아야만 하나?"

"어휴! 그때 왜 그런 결정을 내렸던 거지?"

"바보 같다."라는 후회와 자학까지.

이것들 모두는 종류를 달리하지만 마음을 어둡게 만들었다. 자학과 걱정만 마음을 어둡게 하는 것이 아니라, 미래에 대한 계획이란 것도, 그리고 해결책에 다가가기 위한 방편에 대한 생각들마저도 부정적인 분위기를 만들면서 걱정과 두려움을 만들어냈다.

이대로는 안 되겠다 싶어 떠오르는 모든 생각들에 기존과는 다른 새로운 대답과 반응을 해줬다. 그동안 읽었던 여러 가지 형이상학 책들에서 영감을 얻어, 최대한 내 마음을 편안한 상태로 돌리는 것에 집중했다. 실제 상황이 변하느냐 마느냐는 차후 문제였고, 어떤 식으로든 내 마음을 편안하게 만드는 것에 최우선을 뒀다.

"괜찮아! 걱정할 필요 없어! 다 좋은 방향으로 나가고 있어. 거대한 무언가가 지금 모든 것을 다 돌보고 있어."

"어! 지금 좋은 것이 다가오고 있어. 그렇게 걱정 안 해도 돼. 내가 쓰일 곳을 곧 내가 알게 될 거야. 지금은 그때를 기다리며 잠깐 쉬어도 돼."

"그렇게 계획 세우고, 방법을 찾으려고 애쓰지 않아도 돼! 내 안의 거대한 자아가 해답을 이미 알고 있고, 날 그곳에 데려다 줄 거야! "

"걱정과 두려움을 내려놓는 것이 나를 최선의 길로 인도할 거야!"

대학생 때 감명 깊게 읽었던 조셉 배너의 책을 중심으로, 그리고 그동안 읽었던 여러 가지 형이상학 책들에서 내 대답을 채웠다. 숨을 내쉬면서 몸에 긴장된 부분을 풀어냄과 동시에 마음도 이완시켰다.

처음에는 마음이 조금의 미동도 하지 않고 계속 부정적인 말만을 내뱉었지만 계속해서 마음을 편안하게 하는 진리를 생각하고, 그 진리로 대답을 해주자. 머리의 산란함과 부정적인 것들이 차츰 사라지기 시작했다. 나중에는 마치 머릿속을 샤워한 듯 개운한 느낌을 받을 수 있었고, 더 나아가서는 어깨와 가슴이 열리듯이 쫘악 펴지는 것을 느꼈다.

하루에 10분 정도를 했다가 나중에는 이 시간이 너무 즐거워 한참을 하기 시작했다. 피곤하고 머리가 산란할 때는 내가 축 늘어진 육신을 무겁게 업고 다니는 기분이었는데 이것을 하면, 어떤 때는 마음이 너무 가벼워 육신에 대한 것들마저 다 놓고 위로 붕 뜨는 느낌마저 받을 수 있었다.

살면서 처음으로, 문제가 생겼을 때 문제에 집중하지 않고 의도적으로 마음의 긴장을 풀어봤다. 그러자 마치 구름이 걷히면 자연스럽게 태양이 모습을 나타내는 것처럼, 걱정과 두려움이 걷히자 자연스럽게 긍정적인 믿음이 내 마음 위로 떠올랐다. 걱정과 두려움으로 하루 종일 보내던 때와 외부 상황은 달라진 것 하나 없는데, 마음은 어느 때보다 평온하고 고요했다.

얼마 후 우연하게 인터넷 서핑 중에 네빌 고다드가 쓴 글에 눈길이 가게 되었고, 그의 강의를 듣고 가슴이 너무 뛰어 이 책을 내야만 한다는 생각에 사로잡혔다. 내가 올바른 곳에 쓰일 수 있는 길이라는 생각마저 들었다.

그 후 1년 가까이 지나, 서른세개의 계단 출판사를 차리고 네빌고다드의 책을 출간했다. 2주 넘게 한권도

팔리지 않았던 책이 갑자기 사람들의 입소문을 타고 교보문고 종교분야 베스트셀러에 오르기도 했다.

네빌 고다드와의 만남이 우연이 아니라고 확신한다. 내가 그 당시 가졌던 소망들에 대한 답이었고, 내 걱정거리들을 한편으로 치워놓았을 때 주어진 해결책이라 생각한다.

그 당시 나에게는 두 가지 길이 있었다. 하나는 문제를 계속 잡고서 고민에 고민을 거듭하는 길이고, 다른 하나는 문제를 내려놓고 모든 것을 거대한 무언가에게 내맡기는 길이다. 난 그중 후자를 택했던 것이다.

아무리 환한 빛이라도 불투명한 물체를 통과해 빛을 비출 수 없다. 내 안의 나, 내 안의 신이 바로 그 환한 빛이다. 그 빛은 내가 무슨 문제를 지니고 있는지 이미 알고 있고, 또한 해답마저 이미 알고 있는 내 안에 존재하는, 아주 환한 것이다.

하지만 작은 나, 즉 나의 개성은 투명하지 못한 상태이다. 그래서 언제나 내 안에서 풍요로운 모든 것을 전해주고 있고, 모든 문제에 대한 해답을 전해주고 있는 거대한 빛이 세상에 전해지는 것을 막고 있다.

우리가 할 일은 지금의 나, 즉 개성이라는 이 작은

자아를 투명하게 바꾸는 것이다. 우리는 작은 이성의 관점에서만 보는 것을 통해, 항시 두려움과 걱정을 당연하게 여긴다. 그것으로 인해 불투명해진 개성은, 내 안의 거대한 빛이 나를 통해 세상에 비치지 못하게 막는 장애가 된다. 하지만 문제가 해결된 것, 더 나아가 영원하고 고요한 그 본성에 초점을 맞춘다면, 그래서 걱정과 두려움을 내려놓는다면 개성은 투명해져 내 안의 거대한 빛이 나의 세상을 환하게 비추게 만든다.

이 빛은 항상 비추고 있었다. 우리가 그것을 모르고 외형만을 보는 시야로 인해 힘들어하고, 불가능하다고 말하고, 남이 가진 것에 시기하고 질투하고 있을 때도 이 빛은 항상 우리를 비추고 있었다. 나를 항상 올바르고 안전한 곳으로 이끄는 것의 실체는 바로 이 빛이다.

조셉 배너는 우리에게 이 빛이 무엇인지, 그리고 어떻게 하면 우리가 이것을 삶에서 체험할 수 있는지, 그리고 어떻게 하면 이것으로 삶의 문제를 해결할 수 있는지 말해주고 있다. 그렇게 우리가 가야 할 방향에 대해 말해주고 있다.

그것은 우리가 일상에서 두려움과 걱정을 조금씩 덜 하는 방향, 우리의 시선이 외부가 아닌 모든 것의 원인인 내부로 향하는 방향, 삶의 격정과 혼돈 속에서 내부의 선에 머물러 흔들리지 않는 고요함을 지니는 방향, 육신의 껍데기에 나를 한정하지 말고 만물에 펼쳐져 있는 참된 하나를 인식하는 방향이다.

보이는 것들에 휘둘려, 커다란 두려움과 공포가 우리를 집어삼켰을 때, 그리고 눈에 보이는 장애물이 너무 거대하게 느껴져 모든 용기마저 잃은 채 꼼짝없이 주저앉아 있을 때, 조셉 배너의 책은 우리가 본래 가졌어야 할 용기와 강함을 회복시켜 준다. 또한 보이는 것이 너무 매혹적이어서 그 탐닉에 빠져 있을 때도 우리를 다시금 깨워서 올바른 방향이 어딘지 알려준다.

조셉 배너가 제시하는 이 길을 잘 따르다보면 결국은 충만함과 행복함의 원천인 참된 나를 깨닫게 되는 날도 올 것이라 나는 믿는다. 단순한 한권의 책이 아닌, 삶과 나에 대한 새로운 시선과 방향이 주어질 수 있는 책이 되기를 희망한다.

발행인 이상민

THE WAY OUT

PREFACE
시작하며 — 24

THE LAW
법칙 — 32

THE WAY
길 — 42

YOU CAN DO IT
당신은 할 수 있다 — 50

THE ULTIMATUM
최후의 통첩 — 56

APPEARANCES
외형 — 60

THE WAY OUT
자유의 길 — 62

DEFINITE INSTRUCTIONS
당신이 해야 할 일 — 66

BE POSITIVE
긍정적이 되라 — 78

A KING'S SON
왕의 자손 — 84

USE MONEY FEARLESSLY
두려움 없이 써라 — 88

THE WAY BEYOND

PREFACE 시작하며	96
GOD WITHIN YOU 당신 안의 신	102
GOD IS ALL IN ALL 신은 모든 것	106
GOD IS THE REAL YOU 당신의 참모습은 신이다	112
YOUR GOD SELF 당신의 신적 자아	120
A SIMPLE LAW 위대하면서도 간결한 법칙	124
AN ABSOLUTE LETTING GO 완벽하게 내려놓기	132
IMAGINE THE GOD-YOU 신의 시선으로 보라	138
THE CHRIST CONSCIOUSNESS 그리스도 의식	144
THE NEXT STEP 다음 단계	152
GOD AND MAMMON 신 그리고 마몬	158

조셉배너의 기도

신이시여,
저의 무한한 창고이자 마르지 않는 원천이시여.
당신으로 인해 저는 부족함이 없습니다.

당신이 제게 준 제 생명과 모든 것을
당신을 섬기는 것에 바칠 것임을, 그리고
오직 당신이 저를 이끄는 곳으로 갈 것을,
당신만을 위해 일할 것을 맹세합니다.

저는 오직, 당신의 말씀을 이해할 수 있는
지혜와 분별의 힘만을, 그리고
당신의 무한한 원천과 공급에 대해
결코 의심하지 않는 강인함만을 바랍니다.

THE WAY OUT

by

Joseph Sieber Benner

1930

돈이 주는 두려움과 그 막강한 힘,
그것으로부터 자유로워질 수 있고

선한 것들 전부를 넘치게 받아
조화롭고 행복할 수 있다고,

그리고 당신 삶의 모든 부분을
완벽히 조화롭게 바꿔놓을 수 있다고,

우린 단호하게 말할 수 있다

PREFACE
시작하며

많은 이들이 재정적 어려움을 겪고 있다는 것을
우리는 알고 있다.

당신이
예수 그리스도의 가르침을 따르는 사람이라면,
당신이 잘 지키기만 한다면 현실에서 겪고 있을
결핍, 한계, 부조화, 질병, 불행한 환경에서
구원해줄 법칙을 배워야만 한다.

당신은 이것이 정말 가능한 일인지,
만약 그곳에서 말하는 것만 잘 따른다면
모든 일을 이룰 수 있는 법칙이 정말 있는지
묻는다.

**우리는 이것이 정말 존재한다고
단호하게 말할 수 있다.**

돈이 주는 두려움과 그 막강한 힘,
그것으로부터 자유로워질 수 있고
선한 것들 전부를 넘치게 받아
조화롭고 행복할 수 있다고,
그리고 당신 삶의 모든 부분을
완벽히 조화롭게 바꿔놓을 수 있다고,
우린 단호하게 말할 수 있다.

물론, 이것들을 간절히 원해,
자신을 훈련해서 이 법칙을 따를 수 있다면 말이다.

당신은
정말 이런 일이 가능하다면
이 경이로운 축복을 얻기 위해
어떤 일이든 할 것이라고 말한다.

이 일은 가능할 뿐 아니라
얻고자 하는 열망으로 가득한 사람이라면
누구라도 얻을 수 있다.

이제 하나의 위대한 진리를 전하려 한다.

그것은, 지금 당신이 겪고 있는 불행한 환경을
만든 것이 다름 아닌
당신의 상위 자아(Higher Self)라는 사실이다.

그 목적은 오직 당신에게 부정적인 환경들을
통제할 지혜, 힘, 능력을 구하게 해서
얻게 하기 위함이고, 그로 인해
당신을 부정적인 상황에서 영원히 자유롭게 만들어
당신의 진정한 위치를 되찾게 하기 위함이다.

그래서 마침내 당신이 선한 모든 것을
당신의 것이라 주장하면서 그것들을 이기적이 아닌
이타적인 목적으로 사용할 수 있을 정도로
지혜롭고 강해질 때면 지금 여기 당신에게 마련된
선한 것들 모두를 상속받게 될 것이다.

당신이 우선 알아야 할 것은
이 모든 상황이 단지 의식의 문제일 뿐이라는 것,

그리고 이 상황들에 대한 비난의 화살을 돌릴 곳은
오직 당신뿐이라는 것이다.

이 환경을 창조한 것은 오직 당신뿐이고,
당신이 의식 안에 이것들을 단단히 잡고 있기에
지금처럼 된 것이다.

만일 그러지 않았다면
눈앞에 나타나지도 않았을 것이다.

다음의 위대한 말에 이 모든 것이 들어 있다.

"가슴 안에서 생각한 대로, 그렇게 된다."

당신은 과거에도 이 말을 여러 번 들었을지 모른다.

어쩌면 너무 자주 들었기에
진부한 이야기로만 취급했을지도 모른다.

몇몇 사람은 이 말을 증명하려,

의식에서 부정적인 생각들을 모두 제거해보려 했다.

하지만 그러기 위해서는
흔들림 없고 끈질긴 노력이 필요하기에,
마주하게 된 거대한 장애들 앞에
곧 지쳐버리고 말았다.

그래서 다시
예전과 같은 상황 속으로 되돌아가게 되었고,
이제는 예전보다 더 무기력해졌다.

또 이 말을 들은 다른 이들은
지금 자신이 겪는 부정적인 상황들 모두가
단지 자신의 믿음이 만들어낸 것이라는 주장을,
다시 말해 현실이란 것은 믿음으로 굳어진
과거의 생각들이란 주장을 받아들일 수 없었기에
어떤 감흥도 느끼지 못했다.

그들은 자신의 상황에 대한 책임 모두를
다른 이에게 전가해 비난했고,

심지어 **신**까지도 그 대상에 포함시켰다.

모두가 겪는 가장 주요한 문제는, 지금 우리가
얼마나 많은 양의 부정적이고 파괴적인 믿음을
잠재의식 영역 안에 지니고 있는지, 그리고
이것들이 우리가 잠시 방심한 틈을 타
현재의식 안으로 슬그머니 기어 올라오는지,
깨닫지 못한다는 것이다.

당신이 마음을 관찰해서 이런 부정적인 생각들이
올라올 때 경계하고 주의 깊게 보면서
(그러면 이것들이 정말 믿음이란 사실을 발견하게 될 것이다)
부정적인 생각들에
더 이상 힘을 보태지 않을 때까지는
당신에게 그리 많은 희망이 남아 있지 않다.

이것이 사실상 당신이 가장 먼저 배워야 할 것이다.

생각의 감시와 통제라는 정신적 작업에
게으른 사람들 대부분은,

생각과 믿음이 지금의 환경 모두를
창조한다는 사실을 받아들이지 못한다.

하지만 당신이 이것을 사실로 받아들이든
그렇지 않든, 전혀 중요하지 않다.

법칙이기에 언제나 작용하고 있다.

THE LAW
법칙

이제 당신이 법칙을 들을 준비가 되었다면
모두가 이해할 수 있는 말로 설명해 보겠다.

다음의 말을 꼼꼼하게 살펴서
가슴 안에 깊게 새겨라.

그래서 이것이 앞으로
당신의 삶을 계속 인도하는 힘이 되도록
마음 안에서 살아 있게 하라.

바로 이것이다.

**당신이 의식 안에서 사실이라 생각하고 여긴 것은
그것이 무엇이더라도,
당신의 몸이나 사건들로 나타난다.**

지금 이것을 진리로 받아들이든 그러지 못하든

관계없이 잠시 다음의 진리를 생각해 보라.

당신이 하는 생각들 모두는,
특히 어떤 식으로든 자신과 관련된 생각이라면
마치 아이가 아버지 곁을 떠나지 못하는 것처럼
당신 마음의 대기 주변을 맴돌게 되며,
이것들은 당신이 넣어준 느낌이란 것으로부터
자신을 유지해 줄 생명력을 얻는다.

다른 말로 해보면
생각 그 자체는 단순히 마음의 형체에 불과하지만
당신이 어떤 특정한 느낌을 지니고 생각한다면
이 단순한 형체는 살아 있는 것처럼 되어
더 많은 생명력을 얻기 위해,
자신을 만든 아버지인 당신에게
계속 돌아오게 된다.

당신이 나타내는 느낌은 하나도 빠짐없이
생명이자 활력소이기 때문이다.

그래서 지속적으로 마음에 영향을 미치고
마음을 괴롭혔던 생각들 모두는,
단지 먹을 것과 관심을 요구하면서 당신에게서
더 많은 걱정과 근심과 두려움을 불러일으키는
정신적 아이일 뿐이라는 것을
당신이 알았으면 한다.

걱정, 근심, 이것들은 모두
풍부한 생명력을 함유한 음식이어서,
생각은 조만간 급속하게 자라나,
당신이 다른 생각을 하지 못하고 오직
이것들만 생각하게 될 상황까지 이르게 한다.

당신이 이 생각들을 마음에 들어오게 할 때만
당신에게 존재하게 된다.

다시 말해 당신이 이것에 관심을 주고 인식할 때만
당신에게 의미가 있게 된다.

그렇다면 뒤집어 생각해 보자.

하나의 생각이 당신을 괴롭히고 있을 때
당신이 법칙을 알아,
주의와 관심이라는 생명력을 주지 않는다면
그것들의 힘과 생명을 사라지게 할 수 있다는
이야기가 된다.

그리고 생각을 소리 내어 말한다면
더욱 빠르고 확실하게 나타난다는 것은
말할 필요도 없을 것이다.

왜냐하면 소리가 더해진 생각은
생각 홀로 존재하는 것보다 더 강력하기 때문이다.

무엇보다 당신이 원하지 않는 세상의 모습이라면
입 밖으로 소리 내지 않도록
주의 깊게 살펴야만 한다.

하지만 애당초
부정적 생각이 마음에 들어오지 못하게 한다면
소리 낼 충동마저 사라진다는

사실 역시 잘 기억하라.

이제 이것들 모두가 단지 의식의 문제,
즉 세상에 나타내고자 하는 올바른 생각이라면
마음에 품고,
세상에 나타내고 싶지 않은 것이라면
그 어떤 것도 마음에 품지 않는 것에 대한
문제란 것을 이해했을 것이다.

우리가 생각이라고 말하는 것은,
주로 다른 사람에게서 생겨난 생각들이
당신의 마음 안에 들어가려 할 때
단지 당신이 이것을 들어오게끔 용납하는 것임을
이젠 알았을 것이다.

그래서 당신 스스로가 이 생각들을
당신에게 끌어왔다는 것도 이해했을 것이다.

이 원리는 부정적이고, 조화롭지 못하고,
파괴적인 생각들에도 똑같이 적용된다.

당신 안에는
이것들을 끌어당긴 무언가가 분명 있고,
만일 그것이 존재하지 않았다면
당신에게 오지도 않았을 것이다.

많은 사람들은
부정적인 생각이 들어오는 것을 허락하고 있다.

왜냐하면 그들은 고난과 역경, 그리고 이것들의
영향으로부터 벗어나기 위한 투쟁을 통해서만
자신을 해방하고 통제할 힘을 얻는 법, 그리고
당신의 생명을 의식적으로 건설적인 목적을
향하게 하는 법을 배우게 될 것이기 때문이다.

이것을 역경의 길이라고 부른다.

하지만 이제 우리가 보여줄 길은
당신을 돈에 대한 두려움과 걱정, 그리고
여타 파괴적인 영향들로부터
영원히 해방시켜줄 진정한 길이다.

우리는 이 책의 독자가 그리스도의 가르침을
배우고 따르는 사람이라 믿으면서
산상수훈의 중요한 부분을 옮겨본다.

**염려하여 이르기를,
무엇을 먹을까, 무엇을 마실까,
무엇을 입을까 하지 말라.**

**너의 하늘에 계신 아버지께서
이 모든 것이 네게 필요한지를 아심이라.**

**오직 신의 왕국(의식)과
그분의 올바름(올바른 생각)을 먼저 구하라.**

그러면 이 모든 것이 네게 더해질 것이다.

우리는
당신이 이 교훈을 중요하게 여긴다는 것을 안다.

하지만 이 말을 하나의 확고한 약속이라 믿으면서

흔들리지 않고 결연한 자세로 삶에서
증명하려 하는 사람은 거의 없다는 것도 알고 있다.

**당신이 법칙을 따르고자 한다면
반드시 이 말을 삶에서 실천해야만 한다.**

그러면 우리가 당신에게
두려움과 근심으로부터 해방되는 방법을 보여줄 때
당신은 당신을 지배하던 돈의 힘으로부터
자유로워질 뿐 아니라
왕국을 향한 곧고 좁은 길을 발견하게 될 것이다.

그리고 목적하는 것을 얻고자 하는
강하고 결연한 마음이 당신에게 있다면
왕국의 모든 힘이 당신을 도울 것이다.

왜냐하면 **신의 왕국**과 **그분의 올바름**이란
우리가 올바른 생각을 하는 하나의 의식상태,
즉 우리가 **신**이었다면 했었을 생각만을 하는
의식상태를 말하기 때문이다.

당신은 이것을 할 수 있을까?

물론이다. 당신이 하려고만 한다면.

자, 이제 그 길이 여기 있다.

THE WAY
길

**당신은 마음의 경계병이 되어
세상에서 보고 싶지 않은 것이라면
마음의 문을 통해 그 생각과 느낌이 들어오지 않도록
당신을 훈련해야만 한다**

이것을 주의 깊게 생각해 보라.

그러면 이것이 유일한 길임을 알 수 있을 것이다.

힘들게 느껴질 것이다.

처음에는 무엇을 들여보내야 하는지,
무엇을 거부해야 하는지조차 알지 못할 것이다.

하지만 모든 부정적인 생각과 느낌으로부터,
그리고 **신**이라면 당신이 그런 생각을 하게
용납하지 않았을 거라는 생각으로부터,

그리고 모든 종류의
의심, 두려움, 걱정, 근심, 염려로부터,
그리고 그 누구에 대해, 그 무엇에 대해,
그 어떤 상황에 대해
비판하고 비난하고 판단하는 습관으로부터,
그리고 자기 연민, 질투, 부러움, 짜증, 불친절,
분노, 증오와 같은 것으로부터
마음의 문을 지켜내라!

이것을 해나간다면
무엇이 부정적이고 **신**과 조화되지 않는 생각인지를
알게 될 것이고, 그로써 당신의 의식 안에는
이것들이 들어설 자리가 남아 있지 않게 될 것이다.

이런 거짓된 생각으로부터
당신의 마음을 지키는 일을 해본다면
오직 이것을 할 수 있을 때만
당신의 **상위 자아**가 진실하고 긍정적인 생각을
마음에 끌어올 수 있다는 것을 알게 될 것이다.

그리고 이 생각들은 항상
당신 삶에 모습을 드러내기만을 기다려왔던
선한 결과들 모두를 가져다줄 것이다.

만약 당신의 마음이 두려움, 낙담, 걱정, 병, 나약함,
가난에 찌든 생각으로 어지럽혀져 있다면
당신은 감출 수 없는 이런 진동들을
계속 발산하고 있을 것인데,
어떻게 사람들이 이런 진동을 느끼면서
당신 곁에 오기를 기대할 수 있고,
당신은 어떻게 **신**이 이런 모습의 당신에게
유익한 생각들로 영감을 주기를 기대할 수 있을까?

하나의 생각은
그와 유사한 생각만을 끌어당기기 때문에
부정적인 생각을 하게 되면 실제 당신이 원하는 것
들이 당신에게 다가오는 것을 막는다.

생각해 보라!

가난에 찌든 생각이
부와 직업을 끌어당길 수 있을까?

병약한 생각이 건강한 의식을 갖게 할까?

당신이 실패자라는 믿음이
실패가 아닌 무엇을 끌어당길까?

당신은 이 모든 이야기가 어쨌든 좋아 보인다고
말하면서 또 이런 질문을 던진다.

어떤 사람이 굉장히 부정적인 상황에 빠져서,
수개월 동안 자신의 상황을 극복하려고도 하고
직업을 구하려고도 하면서, 좋은 날이 올 때까지
무언가를 계속 노력했음에도 불구하고
여전히 그곳에서 빠져나오지 못하고 있다면,

그런 사람은 어떤 곳을 보더라도
병약함, 배고픔, 가난, 실패만을 마주하게 될 텐데,
어떻게 지금 처해있는 부정적인 상황들이 아닌

다른 것들을 생각할 수 있을까?

사랑하는 친구여,
우리는 당신이 난관에 봉착했다는 것을 알고 있고,
또한 딜레마에 단단히 빠져 있다는 것도 알고 있다.

당신은 세상 사람들에게 도움을 구했지만
거절당했다.

작은 자아가 가진 힘을 모두 사용해 본 당신은 이제,
스스로 무력한 존재임을 시인하고는
신에게 기도를 올렸을지도 모른다.

그런데 **신**은 당신의 말을 듣지 못했거나 아니면
들었더라도 당신의 기도에 응답하지 않은 듯하다.

당신이 기도를 올렸던 **신**은 과연
어디에 있는 누구인가?

저 하늘 위, 어딘가에 있는 존재일까?

아니면 뿌연 안갯속에 있는 존재일까?

당신은 그가 어디에 있는지 알지 못하나?

당신은 당신 내면에 있는 **신**에게 기도를 올렸던가?

내면으로 시선을 돌려, 당신의 **왕국**에 머물고 있는
당신의 상위 자아에게,
즉 당신 내면 깊은 곳에 존재하는 **신**에게
당신의 가슴을 열어서 보여주었던가?

사랑하는 친구여, 만약 그렇게 하지 않았다면
참된 의미가 가슴에 내려앉을 때까지
주의 깊게 읽어본 후에 그곳에서 **신**에게 기도하라.

당신은 당신의 **더 거대한 자아**인 **신**이
당신의 기도에 귀를 기울일 것이란 사실을
알아야만 하고, 당신에게 무엇이 필요한지
신이 알고 있음을 알아야만 하고,
신이 그 기도를 들어줄 것임을 알아야만 한다.

이 앎을 지니고 마음에서 우러나는
진실한 겸손함 속에서
당신의 가슴을 **신**에게 열어라.

다시 산상수훈의 내용으로 돌아가
경이로운 의미 모두를 깨달을 때까지, 그리고
이 모든 것이 당신에게 한 확고한 약속임을
깨달을 때까지,
더 나아가 산상수훈에서 주어진 일을 한다면
필요한 모든 것을 아버지가 부여할 것임을
진심으로 깨달을 때까지, 계속 반복해서 읽어보라.

생각해 보라!

이것은 당신에게 한, **예수**의 약속이다.

그렇기에 이 일은 반드시 이루어질 것이다.

이제 남은 것은 당신에게 하라고 쓰인 것을
당신이 직접 하는 것뿐이다.

YOU CAN DO IT
당신은 할 수 있다

당신은
신이 당신에게 약속한 축복을 받고자 하는가?

그리고 우리가 당신에게,
당신은 모든 선한 것을 넘치도록 받을 수 있고
돈의 지배에서 영원히 자유로워질 수 있다고
말했을 때 약속한 축복을 받고자 하는가?

당신은 이 일을 할 수 있고,
이 축복을 받아야만 한다.

당신이
이런 축복을 얻기 위해 어떤 일을 해야만 할까?

무엇을 먹을지 무엇을 입을지, 필요한 모든 것을
사랑하는 **아버지**가 다 알고 있기에
걱정하거나 근심하지 않는 것이다.

만일 당신이 **신의 왕국**을 먼저 구한다면
신은 태초부터 당신을 위해 준비한 선한 것 모두를
당신에게 줄 것이다.

신의 왕국을 구한다는 것은
신의 **의식**을 구하는 것이고,
이것은 우리가 앞서 보여준 것처럼
신이 당신에게 했었을 생각만을 당신이 생각하고
신의 생각이 당신 마음에 찾아왔을 때
신이 말한 대로 그 일을 하려는 의식 상태이다.

지금 당신은 이렇게 하는 것이 불가능하다고
생각할지도 모른다.

하지만 사랑하는 친구여,
이것은 축복을 얻는 유일한 길임을 명심하라.

그리고 당신이 했던 말을 기억해 보라.

당신은 이 세상에서 그런 축복을 얻을 수만 있다면

무엇이든 한다고 말하지 않았었나!

지금 당신의 눈에는 불가능한 것처럼 보이는 그 일을,
당신은 해낼 수 있다.

게다가 **거대한 신성의 자아가** 정해놓은
당신의 운명이기도 하다.

만약 이것이 불가능한 일이고 이것이
당신의 운명이 아니었다면,
신은 이 메시지를 당신에게 전하지도, 당신에게
곧바로 최후통첩을 주지도 않았을 것이다.

당신은 이제껏
당신의 방식으로 무언가를 이루려 했고,
세상의 방식으로 무언가를 하려 했다.

이 길들이 당신을 데려다 놓은 곳이
어딘지 알 것이다.

이제 신의 길을 따라갈 새로운 기회가 주어졌다.

이 길은 태초부터 당신을 위해 언제나 놓여 있었다.

세상의 방식으로 일을 해결하려고 노력했지만
항상 실패와 좌절을 맛보았던 당신은 이제
이것이 유일한 길임을 이해하게 되었나?

신은 자신을 사랑하는 자녀들에게
신과 마몬(탐욕과 재물만을 쫓는 악마)을
동시에 섬길 수 없다는 것을 깨닫는 곳까지
결국 데려왔다.

많은 부를 축적한 자가
계속 부를 추앙하면서 그것을 쫓는다면
우린 누가 뭐라 할 것 없이
그가 마몬을 숭배한다고 쉽게 판단할 수 있다.

하지만 이것뿐만 아니라
돈을 두려워하면서 돈의 권력에 굴복하는 사람 역시

마몬을 숭배하고 있다는 사실을
반드시 알아야만 한다.

그들은 돈의 그럴듯한 힘을 두려워함으로써
돈을 첫 번째로 삼고 **신**을 후 순위로
만들고 있다는 것을 이해해야만 한다.

그들이 다른 무엇보다 신을 섬기길 원할 때까지는,
그래서 그들의 올바른 생각, 말, 행동을 통해
신을 첫 번째로 만들었다는 것을 증명할 때까지는
아직 **신**이 도울 수 있는 상태에 있지 못한 것이다.

THE ULTIMATUM
최후의 통첩

자, 이건 최후의 통첩이다.

신이 손을 내밀고 있는 곳에 도착한 당신에게
신은 이렇게 말한다.

"

나의 아이여, 난 그대를 도울 것이다.

하지만 이것은,
그대 자신과 그대의 모든 생각을
나에게 온전히 바쳐야만 한다는 것을 뜻한다.

다시 말해
오직 내가 하는 생각만을 그대가 생각하는 법을,
내가 말해야 할 것만을 그대가 말하는 법을,
내가 그대에게 하라고 한 일만을 하는 법을
배워야 한다는 뜻이다.

이것은 또한 나의 생각이 아닌 것은,
그것이 어떤 모습을 하고 있든, 얼마나 간절히
그대의 마음속에 들어가려 하든 상관없이,
마음에 들어오게 하거나 믿어서는
안 된다는 것을 뜻한다.

이제껏 그대에게는 기회가 주어졌었다.

하지만 그대는 기회를 그대의 방식으로 사용해
참담한 결과만을 초래했다.

이제 그대는 나의 길을 따르고자 한다.

그대가 나를 신뢰해서
오직 나만을 기다리고 섬기고자 한다면,
그리고 나의 생각들로
그대의 가슴과 마음을 채울 수 있게
진실하지 않은 생각들 모두를 비워
깨끗이 하려 한다면

최후의 통첩

나는 그대에게 영감을 주어
그대의 현재 의식상태(현재 당신의 상태)로부터
평화, 조화, 풍요라는
당신의 정신적 아이가 있는 곳으로
신속하게 솟아 올라가게 할 것이다.

이 정신적 아이는 당신에게 계속 돌아와
나에 대한 변치 않는 신뢰,
그대 안에는 나를 나타낼 힘이 있다는 믿음,
그리고 삶의 순수한 기쁨이라는 영양분을
더 공급받을 것이며,
그럼으로써 그대는 이런 생각들을
자연스럽고 지속적인 상태로 인식하게 될 것이다.
"

도전해볼 가치가 있어 보이는가?

당신은 정말 원하는가?

그러면 당신은 어떤 일을 해야 할까?

만일 당신이 오직 **신**만을 바라보며 영감받는,
아버지 의지의 통로가 되고자 한다면, 그래서
기꺼이 최선의 노력을 다하고
모든 의지를 쏟을 용의가 있다면
당신에게 필요한 것 모두를 도움받을 것이다.

그리고 당신의 결심을 시험하기 위해 주어지는
시련에도 불구하고 계속 담대하게 나아간다면
오랫동안 당신에게 주어지기 위해 기다려왔던
선한 것들을 향해
당신이 곧장 들어가고 있다는 것을 알게 될 것이다.

APPEARANCES
외형

이것은 이제부터 더는
사물의 겉모습에 현혹되지 말아야 한다는 뜻이다.

지금 눈에 보이는 것들은
단지 이전에 가슴속에서 상상했던 것이고,
당신의 두려움과 걱정이 현실로 굳어져
당신을 옥죄고 있는 것이다.

이 말이 지닌 거대한 의미를 깨닫도록 하라.

당신은 지금도 당신을 둘러싼 상황들에
시선 대부분을 뺏기고 있다.

하지만 당신이 진정 관심을 두어야 할 곳은
이런 외형적인 모습이 아닌, 당신 믿음의 모습이다.

앞서 말했던 것처럼, 보이는 모든 것의 원인이

당신의 믿음이라는 것을 깨달았다면
이제 당연히 믿음을
세상에 나타내고 싶은 모습으로 바꿔야 할 것이다.

이것을 잘 생각해 보라.

이것은
당신의 환경을 변화시킬 수 있는 유일한 길이다.

당신이 의식에서 간직하고 있는 믿음을
당신의 삶에서 일어났으면 하는 모습으로
바꿔야만 한다.

지금 어느 곳을 보더라도
보이는 것만을 믿을 수밖에 없는 현 상황에서
당신은 어떻게 보이지 않는 것을 믿을 수 있을까?

THE WAY OUT
자유의 길

우리는 이제 그 길을 보여줄 것이다.

우리가 하라는 것을 철저히 따른다면
누구든지 할 수 있을 정도로 쉽고 평탄한 길이다.

당신이 유일하게 해야 할 일이란,
다음의 말을 완전히 믿어,
작은 의심조차 들지 않을 때까지
계속 자신에게 반복해 말하는 것이다.

**신은 나를 사랑하여 나를 돌보며,
선한 것 모두를 항상 나에게 주고 있다.**

**나는 신을 사랑하여 신이 하는 생각만을 생각하며
신이 내게 원하는 행동만을 한다.**

이 문장의 완전한 의미를 깨달아

여기서 말하는 것을 느끼고,
여기서 말한 의식상태를 지닌 채 일상을 살고 있는
자신을 보도록 하라.

이렇게 한다면 가장 커다란 축복이
당신의 삶을 채울 것이다.

첫 번째 문장을 믿는 것은 어렵지 않을 것이다.

왜냐하면 **신**이 당신을 사랑하여
돌본다는 것을 당신은 확신하고 있기 때문이다.

당신이 지금 알고 있건 모르건,
삶에 주어졌던 모든 것이 당신에게 유익했고,
이런 것들을 통해 **신**은 당신을,
신만을 바라보며 믿고자 하는 위치까지 데려와서,
신이 태초부터 당신에게 약속했던 선한 것 모두를
신의 사랑과 보살핌 속에서 받을 수 있게 하였다.

그래서 당신이 **신**을 사랑하는 것은 쉽다.

이렇게 당신이 **신**을 사랑하고 **신**의 생각을 당신이
하려고 할 때 이런 행위가 당신의 마음을 열어
신의 생각이 들어오게끔 하고,

이 **생각**은
당신의 삶에 성공, 풍요, 건강, 조화, 행복을
가져올 행동을 당신이 하게끔 인도한다는 것을
알게 될 것이다.

사랑하는 친구여, 우리가 위에서 한
아름다운 말에 담긴 진리가
당신에게 매우 뚜렷이 밝혀져
이것이 계속 당신과 함께 하면서 당신의 모든
생각, 말, 행동의 원천이 될 수 있기를 바란다.

지금 말했던 이 진리는 매우 위대한 것이기에
당신이 이대로 산다면 평범한 인간을 넘어
비범한 존재가 될 것이다.

그러니 이 말들을

너무 간단하고 진부한 것으로 여기면서
쉽게 지나쳐버리지 말기를 바란다.

이 말들이 지닌 영광스러운 의미가
당신 안에서 서서히 분명해져서 이것들이
당신의 의식 안으로
확실하고 신속하게 들어오는 것을 느낄 때까지,
그리고 그로 인하여 이것들이 당신의 삶과
일상 안으로 들어오는 것을 느낄 때까지

계속 이 진리의 말들과 함께 하라.

DEFINITE INSTRUCTIONS
당신이 해야 할 일

이제 구체적으로 당신이 해야 할 것에 대해
이야기해 보고자 한다.

당신의 삶에서 나타내고 싶은 선한 소망을
구체적으로 뽑아보자.

이것은 사물을 말하는 것이 아니라
당신이나 사랑하는 이에게
조화와 행복을 가져다줄 상황을 뜻하고,
당신은 이것이 선하다는 것을,
그리고 **신**도 당신이 이것을 갖기 원한다고
당신에게 확신이 있어야만 한다는 것을 뜻한다.

이렇게 확신하기는 쉽다.

왜냐하면 **신**은 당신을 위해 선한 것 모두를
운명으로 정해놓았기 때문이다.

하지만
당신은 이 사실을 알아야만 하고,
소망하는 것을 선한 것으로 볼 수 있어야만 한다.

그런 후 이 선한 소망의 상(像)을 마음속에 만들라.

당신은 이것을
모든 면에서 완벽하고 세세하게 만들어서,
완성되어 있고 이루어진 현실로서
명확하고 뚜렷하게 구분된 형태로 나타내야 한다.

이 상(像)이 당신 마음 안에서
얼마나 완성되고 뚜렷한가에 따라,
정신계(mental plane구체적인 마음 형체들의 세계이고, 이 곳에서 물질적인 외형이 결정된다)에서 실제로 완성되어 세상에 태어날 준비가 되었는지를 결정한다.

이제 우리는 하나의 예를 보여주고자 한다.

이것은 원하지 않는 생각과 느낌을 가졌을 때

어떻게 삶에서 원하지 않는 상황을
만들게 되었는지를 보여준다.

부정적인 생각이 부정적인 결과를 만들게 된,
지금 보여줄 예와는 반대 방향으로
생각을 적용해 본다면 당신의 소망을 완벽하게
이 세상에 드러낼 수 있을 것이다.

소망은 지금도 정신계에 존재하면서
당신 의지가 사용되기만을 기다리고 있다.

이제 우리가 이야기할 사건은
최근 자신의 직장을 잃은 한 친구의 이야기다.

수주 전에 이 친구는 필자(조셉 배너)에게,
회사의 재정상태가 안 좋아서
자신과 비슷한 부서의 책임자들 몇 명이 해고됐고
다음은 자신의 차례가 될 것이라고 말했다.

필자는 그녀의 말에 반대하면서 오히려 그런

마음 태도가 원하지 않는 상황을 초래할 것이라고
설명하려 했다.

2주 후에 또 다른 친구가 말하기에
자신도 그녀에게서 똑같은 이야기를 들었다고 했다.
이것으로 미루어 짐작해 볼 때 그녀는 아마도
많은 사람들에게 같은 이야기를 했던 듯했다.

며칠 후, 그녀의 마음속에
부정적인 상이 완벽하게 맺혔을 때,
현실 세상에서도 그녀에게 해고통지가 도착했다.

과연 마음 안에서의 어떤 과정이 이런 결과를
만들었는지 그녀의 마음을 들여다보자.

회사는 그녀와 비슷한 지위의
다른 부서 책임자들을 해고했다.
그녀는 이것 때문에 자신도 조만간 떠난다는
마음의 상(像)을 가지게 됐고, 여기에 두려움이
더해져 실제로 자신이 떠나는 것을 보게 된다.

그녀는 매일 같이 동료 직원이나
자신과 비슷한 곤경에 처한 친구들, 혹은
이미 해고된 친구들과 이것에 관해 대화를 나눴다.

결국 이런 대화로 인해
두려움은 점점 크고 강렬해졌고
해고된 장면이 그녀의 마음 안에서 세세한 부분까지
완성되어 완벽하게 끝마쳐지게 되었다.

그러자 그녀는 자신도 떠나게 될 거라고
자연스럽게 느끼게 되었다.

이제 현실로 나타나는 것은 너무도 당연했다.

당신은 회사를 떠날 운명을 만들었던 것이 그녀,
오직 그녀 단 한 사람뿐이었다는 것을 이해했나?

이 증거는 다음과 같다.

(1) 그녀와 비슷한 위치의 다른 부서의 장들은 다

떠나고 그녀가 마지막 남은 사람이었다. 왜냐하면 그녀가 가장 유능했기 때문이다.

(2) 그녀는 그녀의 고용주들과 그들의 행동을 비판하기 시작했다는 점이다.

(3) 그녀는 나중에서야 고용주들이 그녀를 잃고 싶지 않아서 떠나보낸 다른 여성들을 대체하기 위해 두 명의 젊은 남성들을 고용했었던 사실을 알게 되었다.

하지만 그녀는 이미 자신이 해고되었다는 상념을 정신계에서 완성했고 두려움과 같은 느낌들로 이것에 생명을 주었다.

이렇게 완성된 상념은
반드시 바깥세상에 나타나야만 했기에,
이 상념은 고용주들의 마음에 들어가
해고할 충동을 심어줬다.

그래서 그들도 어찌할 도리가 없었다.

이런 일들은 그녀의 허황된 두려움이 아니었다면
결코 일어나지 않았을 것이다.

자, 이제는 이것과 유사한 생각의 과정을 통해
당신이 마음에 품었던 선한 소망을
현실로 만들어보자.

마음에 하나의 장면을 만든 당신은
이제 선한 소망이 완성되어 있는 모습을 본다.

하지만 우리는 이 장면의 부정적인 면을 보지 않고,
긍정적이고 행복한 모습을 볼 것이다.

매일, 일상에서 가능한 한 자주,
당신이 그린 선한 결과가
당신이 상상할 수 있는 모든 곳에서
삶에 영향을 미치고 있고,
당신이 이것을 사랑하는 이들과 함께
누리고 있는 것을 보려 하라.

그리고 당신은 항상 이것이
실제이자 살아 있는 현실이라는 감각에, 그리고
당신의 창조물이자 당신 영이 만들어낸 것이라는
감각에 기쁨, 사랑, 감사의 강렬한 느낌을 쏟아붓고
있는 것을 의식적으로 보아야 한다.

이렇게 한다면 당신은 소망이란 아이를 잘 돌봐서
물질적 현실 안으로 태어나게 한다.

그러면 앞서 친구가 부정적인 생각으로
부정적인 결과를 맞이했던 것처럼,
당신의 선한 소망도
당신이 마음에 품었던 모습과 의도했던 방향으로
당신의 세상에 반드시 모습을 드러낼 것이다.

이것은 법칙이다.

그렇기에 건설적인 생각으로 상상 속에서
이 과정을 충실하게 따라본다면
해로운 생각이 해로운 결과를 가져온 것처럼,

언제나 원하는 결과를 얻게 될 것이다.

이 과정들이 명확해져서
당신에게 확고한 진리로 다가올 때까지
위에서 말한 예와 설명을 잘 연구해 본 후에,
당신의 개별적인 사안들을 살펴보라.

그래서 지금 당신을 현재에 이르게 한 마음의 과정은
어떤 것이었는지 명확하게 밝혀내라.

이제 당신이 해야 할 일은
당신을 현재의 부정적 상황으로 이끌어왔던
마음의 과정을 반대로 만들어
건설적으로 생각을 표현하는 것뿐이다.

자유를 얻고자 하는 진지한 욕망,
다시 말해 단순히 고통과 역경에서 편안해지려는
마음이 아니라 진리를 알고자 하는 욕망, 그리고
원하지 않는 상황 속에서
존재의 원인을 밝혀내고자 하는 욕망, 그리고

자신을 자유롭게 하고자 하는 욕망, 더 나아가
다른 이들도 자유롭게 하고자 하는 욕망은
필요한 도움을 이끌어낼 것이고,
이로 인하여 당신은 자유롭게 될 것이다.

긴 시간 동안 마음은
잘못된 시야와 잘못된 생각이란 습관에 굳어져
현재의 상태에 이르렀기 때문에
즉각적으로 변화가 일어나지 않을 수도 있다.

그렇다고 실망하거나 포기하지 말라.

만약 당신의 결심이 정말 결연하고 확고하단 것을
당신의 마음이 알아챌 정도로
당신이 가고자 하는 길을 계속 고집해나간다면
마음은 더 이상 과거 습관의 길을 따르지 않고,
과거 습관을 만들었던 것과 같은 방식으로
새로운 생각의 패턴을 따르게 될 것이다.

당신은 당신의 정신적 작업들이

당신과 당신 주변의 환경들을 만들고 있다는 것을
알고 있다.

당신이 지금 하는 작업은
정신계의 정신적 질료를 다루는 것이기에,
외부의 모습과 상황은 관심 두지 말아야 한다는 것을
반드시 기억하라.

우리는 당신에게 법칙을 보여줬고,
이것이 어떻게 작동하는지에 대해 설명했다.

그래서 당신은 이제
당신의 잘못된 생각과 믿음이
지금 현재의 상황을 만들었다는 것을
명확하게 이해했을 것이고, 또한
어떻게 이 상황에서 자신을 해방시킬 수 있는지,
어떻게 삶에서 원하는 것을 창조할 수 있는지도
이해했을 것이다.

당신이 이 진리를 마음에 새겨
당신 의식의 일부로 만드는 것을 도와주기 위해
전해줄 말이 이제 얼마 남지 않았다.

BE POSITIVE
긍정적이 되라

첫 번째 전해줄 말은,
긍정적이고 적극적인 생각을 하고
긍정적이고 적극적인 말을 하고
긍정적이고 적극적인 행동을 하는 것의
중요함에 대해서이다.

절대 부정적이거나 소극적이어서는 안 된다.

마음의 대기 안에는
다양한 파동의 상념들이 존재한다.

그래서 부정적인 사람은 이 마음의 대기 안에서
질병, 부조화, 문제라는 삶의 부정적인 것 모두를
(나약하고 부정적인 마음의 악취를) 끌어당긴다.

반면 긍정적인 사람은
유익한 것 모두를 끌어당긴다.

당신이 라디오의 원리를 이해하고 있다면
라디오 다이얼을 일정한 주파수에 맞췄을 때
대기 안에서 같은 파장을 끌어당긴다는 것을
알고 있을 것이다.

이것은 마음의 법칙과 완전히 일치한다.

그래서 당신이 일정한 마음의 주파수를 맞춘다면
이것과 조화되는 것이라면 무엇이든
대기 안에서 받아들이게 된다.

그렇기에 당신에게 주어진 일이란,
당신의 마음 라디오에서
어떤 파장에 맞춰 상념을 나타내는가뿐이다.

이것은 전적으로
"당신에게, 오직 당신에게" 달렸다.

세상을 관찰해 보면
긍정적인 사람은 항상

모든 이의 이목을 집중시키면서
긍정적이지 못한 사람들이 생각조차 못했던 일들을
해내는 것을 볼 수 있다.

어쩌면 다음의 예가
이 말을 가장 잘 설명해 줄 수 있을 것이다.

필자가 운전을 하고 가던 중,
새로운 다리 공사로 인해 일시적으로 길이 좁아져
정체를 겪고 있는 것을 보고는 멈췄다.
잠시간 차에서 기다리다가 밖으로 나와 살펴보았다.
골짜기 밑으로 연결된 긴 내리막길은
거의 서른 대의 차가 정체 상태를 보이고 있었고
언덕 위로 이어진 반대편 길은 차들이 없는 듯 보였다.

필자는 더 이상 기다려야 할 이유가 없다고 판단하
고는 차를 빼서 반대편 도로로 달렸다.
아무런 저항 없이 계속 달렸고,
그러던 중 뒤를 봤더니 많은 차들이
뒤따라 오는 것을 볼 수 있었다.

그들 중 한 사람은 무려 20분이나 기다렸다고 했다.

듣기로는 반대 방향에서 오는 두 대의 차가
뒤따르는 차들과 함께 마주쳤었다고 한다.
그래서 그들은 다른 차들 때문에 이 좁은 도로를
통과할 수 없을 거란 생각에 두려웠던 것이다.

사람의 인생도 항상 이런 모습이다.

진취적이고 긍정적인 영혼은 목적지에 도달하는 반면,
소극적이고 부정적인 영혼은 뒤에 남겨지거나
자신들을 이끌 리더를 만났을 때에서야
움직이기 시작한다.

왜 소극적이고 부정적인 상태에 머물려고만 하나?

이런 것들은 단지 마음 태도일 뿐이다.

그렇기에 단순히 당신의 믿음을 바꾸는 것을 통해
당신의 태도를 바꿀 수 있다.

게다가 우리 모두는 **신**의 자손,
다시 말해 세상에서 가장 위대한 **왕**의 자손이다.

이 **왕**은 **그분의 왕국**의 부와 선한 것 모두를,
그것이 우리의 신성한 유산인 것을 알아서
받아들여 누리려는 사람들에게 주고 있다.

A KING'S SON
왕의 자손

당신은 지금 이 세상에서
어떤 왕의 자손을 부러워하고 있나?

당신도 역시 왕의 자손이다.

아니 오히려, 세상의 어떤 왕국도
우리 **아버지**의 왕국 밑에 존재하기 때문에
당신은 그들보다 더 위대하다고 말할 수 있다.

그래서 우리가 마음을 고양시켜
신의 아들이라는 진정한 본성을 자각한다면
우리는 세상의 **왕**인 **아버지**가 가진 것 모두가
우리의 것임을 알게 되고,
우리가 말하기도 전에 필요한 모든 것을
아버지의 시종들이 주기 위해 뛰어온다는 것을
알게 될 것이다.

이것은 우리 모두가 경험할 수 있는 진실이다.

당신에게 주어진 의무는 단지 이것을 믿는 것,
그리고 신의 왕국과는 비교할 수 없게 초라한
이 세상의 왕의 자손들마저
모든 것이 다 나의 것인 듯 행동하는 것처럼,
당신도 가장 위대한 왕의 자손임을 인식한 채
세상이란 작은 왕국에서 그렇게 행동하는 것이다.

이렇게 당신의 아버지가 가진 모든 것이
정말 당신의 것이라면
왕의 아들인 당신은 아버지가 당신에게 준 것 모두를
조금의 두려움 없이 자유롭게 쓰는 법을 배워야만
한다.

아버지의 모든 것은 언제나 주어지기 때문에
한계나 결핍이 존재하지 않기 때문이다.

아버지의 원천은 결코 마르지 않는다.

당신은 이런 인식을 지녀야만 하고,
그래서 **왕자**가 돈을 쓸 때처럼 느껴야만 한다.

생각해 보라.
왕자가 자신의 것에 어떤 결핍이나 한계를 느낄까?

그렇지 않다.

그에게는
자신에게 필요한 것,
편의와 즐거움을 만족시켜줄 것, 그리고
자신이 하는 건설적 생각 모두를 실현해 줄,
아주 많은 것이 항상 있다.

그는 자신의 뒤에는
아버지인 **왕**과 왕국의 모든 재화가 있음을 안다.

그렇기에 당신 역시도
당신의 뒤에는 **왕국**의 모든 원천을 지닌
당신의 **하느님 아버지**가 있음을 인식해야만 한다.

USE MONEY FEARLESSLY
두려움 없이 써라

오랫동안 당신의 마음에서 굳어져 버린
결핍에 대한 두려움, 직업에 대한 두려움,
돈의 힘에 대한 두려움을
가장 빠르게 제거하는 방법은,

하늘나라에 계신 **아버지**의 사랑스러운 보살핌을 믿고,
손에 쥐고 있는 것이 마지막 1달러일지라도
필요한 것에 쓴다면
아버지가 더 많은 것을 내려준다는 것을
인식한 채 두려움 없이 쓰는 것이다.

당신이 이 무한한 원천을 막지만 않는다면
당신의 필요가 돈의 물결을 영원히 흐르게 한다.

피가 육체적인 건강을
완벽하게 표현해내기 위한 도구인 것처럼
돈은 그 진정한 의미로 본다면

당신의 물질적인 생활을
완벽하게 표현해내기 위한 도구이다.

두 경우 모두, 당신은
자신과 타인의 물질적 삶과 육체적 건강에 관하여
진실하고 순수한 생각(신의 생각)만을 해야 할 뿐 아니라,
신의 마음이 모든 참된 생각의 **근원**이라는 것을
알아야만 한다.

그래서 당신은
신에 대한 완벽한 믿음과 신뢰로 마음을 열어서
당신의 물질적 삶과 육신을 비롯한 모든 부분에서
신의 생각이 자유롭게 순환하는 것을
의식에서 받아들여야만 한다.

신성한 상념이라는 거대한 물결은
당신에게 완벽한 건강과 조화를 만들어낼 것이다.

소위 십일조를 내는 사람들을 통해
이 법칙이 진실임을 알 수 있다.

그들은 하나의 의식상태를 확립했는데,
그것은 신에 대한 완벽한 믿음, 그리고
특히 **신**에 대한 감사와 사랑의 마음으로
돈을 망설임 없이 쓴다면,
즉 진리를 인류에게 가져오는 일을 하는 데에
자신의 수입 일부를 후하게 기부한다면

자신들도 세상의 선한 소망들로 크게 축복받을 것이고,
나아가 이와 같은 진리를 많은 영혼에게 전해주는
위치까지 올라갈 수 있다는 의식상태이다.

당신은 실로 더 많은 것을 받을 수 있지만
이 유입을 막고 있는 것이 있다.

다름 아닌
더 많은 것이 다가오지 않을 거라는 두려움 속에서
마지막 1달러를 꽉 쥔 채 부들부들 떨고 있는 손이다.

주는 것은 그 무엇보다
신의 무한한 원천의 문을 여는 채널이기에,

이것을 통해 당신의 영적인 삶과 물질적인 삶 모두에
무한한 원천이 흐르게 할 수 있다.

이제 마지막으로 강조하고자 하는 것은,
이 위대한 법칙을 삶에서 적용하고 증명한다면
당신은 재정적인 성공과 자유를 맛볼 뿐 아니라
삶의 모든 부분에 완벽한 건강, 조화, 행복을
가져오게 될 것이라는 사실이다.

왜냐하면 당신이 자신에 관해
오직 진리의 생각만을 하기 시작한다면
그때는 자연스럽게
신 의식이 당신 육신 안에 살게 될 것이고,
신의 생각이 당신의 마음을 지배할 것이기 때문이다.

그러면 당신의 육신 안에는 오직 완벽한 건강만이,
당신에게 일어나는 다양한 사건들 안에는 완벽한
조화로움만이 나타날 것이다.

이때 자연스럽게
행복은 당신의 가슴 안에서 노래를 부르고
당신과 언제나 함께 하는 동반자가 될 것이다.

사랑하는 친구여, 우리는 이 메시지를 주었다.

이것은 세상이라는 어둠 속에서
방황하는 이들을 다시 사랑과 변치 않는 믿음으로,
그리고 진정한 행복의 빛으로 확고히 인도하고자 하는
간절한 열망 속에서 태어났고
당신을 그곳에 이르게 해줄 것이다.

만약
당신이 이 책의 메시지에 강하게 매료되었다면,
특히 이 책이 출구도 보이지 않던 절망에서
당신을 구원했다면
이 책의 도움을 원하는 다른 사람들에게
이 메시지를 전하도록 하라.

THE WAY BEYOND

by

Joseph Sieber Benner

1931

공중의 새들을 살펴보라.
그것들은 씨를 뿌리지도 거두지도 아니하고,
또한 곳간에 모으지도 아니한다.
그러나 네 천상의 아버지가 그것들을 먹이시더라.

네가 그것들보다 더 귀중하지 않은가?

하물며, 너희 중 누가 걱정함으로 인해
생명을 한순간이라도 늘릴 수 있는가?
그런데 왜 의복에 대해 걱정하는가?

그렇기에 신이
오늘 있다가 내일 아궁이에 던져질 들판의 초목도
이렇게 입히시는데, 하물며 너희들은 입히지 않을까?

오, 믿음이 적은 자들아!

PREFACE
시작하며

우리의 소책자인, "자유의 길(THE WAY OUT)"은
결핍, 한계, 부조화, 질병, 불행으로부터
해방되는 길을 보여줬다.

그곳에서 제안한 것을 충실하게 따른 사람이라면
더 이상 이런 부정적인 상황에 있는 것에 대한
변명을 하지 못할 것이다.

이 작은 책은 수많은 사람의 마음을 움직였다.

이 책의 진리는 많은 이들을
새로운 의식상태 속으로 고양시켰고,
그로 인해 그들은 새로운 세상에 살게 되었다.

그들은 이제 새로운 시야와
기존과는 다른 새로운 이해력을 지녔기에
그들이 사는 세상의 모든 것과 모든 사람이

이전과는 달라졌다.

지금 그들에게 모습을 드러내고 있는 세상은
예전에 그들이 보았던 것과는 달랐다.

이제 그들이 찾고 있는 것은
완벽한 선함과 참된 본질이기에,
과거의 부정적 성향들은 금기되어
의식 안에 들어오지 못했다.

그들의 눈에는 완벽한 선함과 참된 본질이 보이고,
어떤 상황과 어떤 사람들 속에서도
참본성이 빛나고 있는 것이 보였다.

모두 다 그러지는 못했을 것이다.

많은 사람들은
오랫동안 자신을 지배하게 했던 과거의 성향들을
쉽게 극복할 수 없었기 때문이다.

그들은 사방 곳곳에 보이는,
자신을 조여오는 압박과 부정적인 환경을 감당하기
힘들었기에 무릎 꿇고 말았다.

이 상황에서 일어설 수 있는 힘이
자신 안에 있다는 것을 알지 못했고,
또한 좌절한 상태에서 일어나
이 소책자에서 말했던 진리를 증명하기 위해
최선을 다하겠다고 굳건하게 결심하기만을 기다리는
도움의 손길이 있다는 것을 알지 못했다.

이 새로운 메시지는 바로 이런 이들을 위한 것이다.

이 책을 읽는 모두가 이 진리로 영감받아
이 책에 적힌 것을 실천해서,
태초부터 그들을 기다리고 있는 완벽한 선함을
받기를 바라는 진실한 열망에서 집필되었다.

우선 "자유의 길(WAT OUT)"을
주의를 다해 성실하게 연구해 보기를 바란다.

연구해 보는 것만으로도 좋은 영향을 받을 것이다.

심지어는 읽는 것만으로도 좋은 영향을 받을 것이다.

하지만 가장 좋은 것은
당신에게 하라고 한 것을 증명해낼 때까지
충실하게 해보는 것이다.

적어도 한 달 동안은
당신의 모든 생각, 말, 행동을 책에서 말한 것처럼
꾸준히 실천해 보라.

만약 당신이 이렇게 한다면
의식의 변화뿐만 아니라 생활의 변화도 일어날
것이고, 이때부터 삶의 전환점이 되어
다시는 과거의 생각, 행동방식으로
돌아가지 않을 것이라고 우리는 약속한다.

도전해 볼 만하지 않은가?

그렇다면 당신은 **신**에게
우리가 보여줬던 것을 이룰 수 있는 힘과 능력을
달라고 기도하면서
당신이 최선의 노력을 다하는 데에
어떤 것도 방해하게 하지 말라.

GOD WITHIN YOU
당신 안의 신

이제 "자유의 길(The Way Out)"에서 말했던,
"신은 당신 안에 있다"라는
문장의 의미를 명확하게 만들어볼 생각이다.

아주 명확해져서
더 이상 **신**을 하늘 위 어딘가에 있는 존재라고
생각하지 못하게 할 것이며,
신이 누구이고 어떤 존재인지 명확히 알게 할 것이다.

우선 다음의 사실을 깨닫도록 하라.

당신을 살아 움직이게 하고 자라게 하는 생명은
당신이라는 한 개인의 생명이 아니란 점, 게다가
당신은 이것을 통제할 수 없다는 점, 그리고
이 생명은 당신에게 어떤 일을 하고, 엄밀히 말해
당신이 어떤 일을 하게 만들고 당신의 동의 없이
어떤 상황 속에 당신을 놓는다는 점, 또한

이 생명은 확실히 그 스스로가 무엇을 하는지를
인식하면서 크나큰 지혜와 애정 어린 목적을
지니고 있다는 점이다.

마찬가지로 당신은
당신의 의식을 당신의 것이라 부르지만
이것 역시도 당신의 의지나 욕망과는 완전한 별개로,
일정한 관념과 생각과 인상을 받는 것처럼 보인다.

관념, 생각, 인상은 마음에 들어와
당신의 느낌과 행동에 계속해서 영향을 주는데
당신은
이것에 거의 저항하지 못한다.

또한 당신이 어떤 생각, 말, 행동을 할 때에도,
이것들을 할 힘이
내부에서 주어질 때에만 할 수 있을 뿐이고,
당신 스스로의 힘은 없다는 것을 인정할 것이다.

이 모든 일을 하고 있는 **이 어떤 존재**는

항상 무엇을 해야 할지를 알고,
시작하기도 전에 결말을 알면서
당신의 인간 마음에게 **자신**을 가르치기 위해 노력한다.

그리고 **이 어떤 존재**는
인간 마음이 어떤 것을 경험하고 있을 때
이 경험이 간직한 교훈이 무엇인지를 가르치고자 하고,
삶 이면의 법칙과 물질 이면의 법칙을
가르치기 위해 노력하고 있다.

이 어떤 존재는 분명 더 위대하고 지혜로우면서
거대한 사랑의 마음을 지녔음이 틀림없다.

이 생명은 당신이 당신이라고 부르는 부분과
구별되면서도 또한 매우 밀접하기 때문에
당신과 **신**이라 불리는 존재와의 관계와도 비슷하다.

우리는 **이것**을 **상위자아**라고 불렀고,
사실상 이것은 당신 안의 **신**이다.

이것은 당신의 의식 깊은 곳 어딘가에서 빛나는,
신의 마음이 투영된 상,
혹은 **신**의 마음이 비친 불빛과 같다.

"어둠 속에서 빛나는 빛,
하지만 어둠(바깥세상의 인간적 마음)은
알지 못하는 빛"이다.

그래서 **이것**이 당신의 관심을 끌어
당신의 귀를 기울이게 할 때면
반드시 하나의 지혜를 들려주는데, 이 지혜는
당신이 상상할 수 있는 만큼
신과 당신이 가깝다는 것이다.

그래서 주의를 기울여 잘 따른 사람은
경이로운 어떤 것을 흘끔 보게 되는데,
이것은 말로 형언할 수 없지만 극도의 행복감을 주는,
신성 그 자체이다.

GOD IS ALL IN ALL
신은 모든 것

당신은 다음의 문장들을 들어봤을 것이다.

신은 **모든 것**이며
"세상에 들어온 인간 모두를 밝히는 빛"이다.

그렇다면 이 빛은 마음의 어둠을 밝혀
인간 내부에 있는 **신성한 원천**을 알려주고자 하는
신의 마음일 것이다.

인간의 마음이란 것 모두,
인간의 마음이 지닌 것 모두, 그리고
무언가가 되거나 무언가를 알거나 무언가를 행하는
힘 모두 **신의 마음**에서 유래됐다.

자, 생각해 보라.
만약 신을 **모든 것**이라고 말한다면
신은 이 세상 만물과 모든 사람 안에 있을 것이다.

그것이 무엇이든,
또 그가 누구이든 문제 되지 않는다.

분명 모든 것 안에 **신**이 존재한다!

하지만 과연 우리 중 누가,
신을 그렇게 인식하고 있을까?

우리는 **신이** 모습을 드러낸 것 안에서
신의 존재를 인정하지 않고,
만물 안에서 **신을** 보려 하지 않고,
신을 모든 것이라고 부르지 않기 때문에
우리의 무지한 마음이 사실로 받아들였던
오류, 악, 거짓을 보면서
"분리되었다는" 오해의 혼돈 속에서
우리 자신을 잃어버렸다.

그 결과 우리는 만물이 들어 있는
근원의 의식과 우리가 분리되었다는 생각 속에서
부조화, 병, 마음의 고통을 경험한다.

신은 모든 것

신은 모든 것이기에
이 세상 모든 것들과 모든 사람은
온전하고 완벽하다.

신과 신의 선함과 완벽함이 모든 곳 안에
존재하는데, 세상 모든 이와 세상 모든 것이
어떻게 선함과 완벽함이 아닐 수 있을까?

하지만 오해는 하지 말았으면 한다.

이 세상 모든 것과 모든 이가
온전하고 완벽하다고 말했지만,
현재의 "분리된" 마음과 이해력을 지닌 당신이
보고 믿는 것이 그러하다는 것은 아니다.

지금 당신의 시야로 보는 것,
당신의 이해력으로 믿는 것은 "외형"이다.

이것은 분리된 마음이 창조한 것에 불과하다.

지금 당신이 보고 있는 것은
당신이 마음속에서 사실이라 생각했던 것이
나타난 상(像)일 뿐이다.

그리고 이 그림자는
당신이 **모든 것**인 **신**을 알게 되면, 그리고
선함, 아름다움, 완벽함만을 나타내고 있는
신의 존재를 알게 되면 사라지게 될
잠시간의 허상(虛像)일 뿐이다.

이 어둠의 허상을 몰아내고자 한다면
당신의 마음이 진리를 확고하게 받아들여,
거짓된 믿음에서 해방될 수 있어야만 한다.

거짓된 믿음이란,
우리의 마음이 창조해 의식 주변에 쌓아 놓은,
신에 대한 잘못된 이미지와
신이 나타냈다고 착각한 것을 말한다.

이제 내 말에 귀를 기울여라!

모든 것이고

지고의 선함과 지고의 완벽함을 갖춘 **신**은

가장 지혜롭고 가장 사랑이 넘치며

가장 위대한 권능이다.

만약 당신 마음에 품은 **신**이

이것보다 조금이라도 낮은 모습이라면

인간적 마음이 만들어낸 거짓된 **신**의 관념이자

인간의 무지가 왜곡시킨 모습이다.

이 의미가 진실로 다가올 때까지 생각해 보라.

지금 당신의 눈에

조화롭지 않고 행복하지 않은 것들이 보인다면,

아니 보이는 것이 궁극적인 선과 궁극적인 완벽함에

이르지 못한다면, 이것들은

모두 무지나 잘못된 가르침으로 인해 생긴

당신의 착각이다.

당신이 그렇게 믿기에 나타난 것뿐이다.

어떤 잘못된 믿음이든 그것을 계속 지니고 있는 한,
당신의 몸, 당신 자신,
당신에게 일어나는 사건들이나
당신 주변의 환경에 영향을 미치거나, 혹은
눈에 보이지 않지만 당신의 삶, 건강, 행복에 관계
되는 것들에 영향을 미쳐 현실로 나타날 것이다.

GOD IS THE REAL YOU
당신의 참모습은 신이다

이제 "**모든 것이 신**"이라는 이 진리를
당신과 연관 지어 보겠다.

만약 우리가 말했던 것처럼 **신이** 모든 것이라면
분명히 **신은**
당신의 참자아, 즉 우리가 앞서 말했던
당신의 상위 자아, 거대한 자아이다.

신의 생명은 당신의 몸에 생명을 불어넣고
신의 마음은 당신의 생각과 말, 행동을 결정짓고,
신의 권능은 당신에게 어떤 일을 하게 만든다.

그렇다면 당신 것이라 여겼던 당신의 의식도
신의 의식일 것이다.

다만 **신의 의식은**
당신 **상위자아**를 거쳐 당신의 영혼으로,

그런 후에 당신의 인간 마음으로 차례로 내려왔다.

이 의식은 스스로를,
당신의 **상위자아**가 있는 **영계**(spiritual plane)에서는
그리스도 의식(Christ Consciousness)으로 나타내고,
영혼계(soul plane)에서는
당신의 영혼 혹은 영혼 의식으로 나타내고,
두뇌가 있는 물질계(physical plane)에서는
유한한 의식으로 나타낸다.

이렇게 하나의 **의식**은 다양한 계를 통해
각각의 모습으로 나타내지만 이 모두는
신 의식이 당신의 **상위자아**를 통해 내려온 것이다.

그래서 지금
어둠에 싸인 당신의 유한한 마음이 밝혀져
신을 자각해서 **신 의식**의 일부가 된 만큼
(신은 모든 것이기 때문에)
참자아인 **신**과 모든 인간을 하나로 연결하고 있는
근원의 자아를 인식하게 된다.

이 일을 **신 의식**이 하고 있다.

신을 알고자 한다면 자신을 알라는 말이 있다.

그래서 당신이 살과 피로 이루어진 것이 아닌,
살과 피라는 의복을 두르고 있는 인간 영혼 혹은
하나의 의식 초점이라는 것을 진정으로 알게 될 때
당신은 **신**이 어떻게 당신 안에 있는지, 그리고
신이 어떻게 당신인지를 이해할 수 있게 된다.

이제 우선 자신을
하나의 의식의 초점인, 영혼으로 간주하라.

이제 우리는 당신의 영혼과 당신의 인간 마음
그리고 당신의 **상위자아**인 **영적 자아**와의 관계를
설명해 보겠다.

당신의 참된 모습, 온전한 모습은
하나의 영혼이자 순수한 의식이다.

다른 말로 해보면 당신은 오감을 통해
외부에서 들어오는 것들 모두와,
오감이 인지하지 못하는
다른 의식의 센터로부터 오는 인상이나 생각 같은
진동들 모두를 인식하고 의식하는 존재이다.

오감의 감각들 전부는
당신의 인간 마음이란 매개체를 통해
의식에 전달된다.

반면 위에서 말한 오감을 넘어선 진동들은
영혼이 직접 받은 후에
마음이 얼마나 이것들을 이해할 준비가 되었는가에 맞춰
해석된 후 마음에 전달된다.

하나의 영혼이자 의식인 당신은
당신의 인간 마음과는 구별된다.

마음은 단지
물질 세상에서 외부로부터 들어오는 진동을

받아들여 당신에게 알려주는 역할을 하는
도구에 지나지 않는다.

당신의 마음은
당신의 영혼의식이 인간 뇌의 정신적 수용력에 맞춰
둔화된 후 외부 세상으로 확장된 것이다.

마음은 물질 세상에서 무슨 일이 일어나는지를
당신에게 알려주며,
세상에 대한 당신의 명령을 수행하는
매개체 역할을 한다.

당신의 마음은 이렇게 부득이하게
부분적으로 제한된 의식 안에서
점차 스스로를 하나의 자아로 생각하게 되었고,
영혼 의식 속의 당신과는 분리된 존재로 여기게 되었다.

마음은 이런 분리라는 환상을 겪으면서
앞에서 언급한 온갖 종류의 잘못된
육체적, 정신적 관념들과 믿음들로

점차 채워지기 시작했다.

이것들은 점점
하나의 실체가 되어 만질 수 있게 되었고,
시간이 흐른 후에
당신의 생각, 말, 행동을 지배하게 되었다.

그래서 이 바깥에 존재하는,
그리고 분리라는 환상을 겪고 있는 의식은
당신의 하위 자아 혹은 유한한 자아를 구성하게 되었다.

하지만 이런 관념들과 믿음들은
스스로 허용할 때만을 제외하고는
당신의 영혼 의식에 아무런 영향도 미치지 못한다.

다음과 같이 해본다면
지금의 말을 좀 더 이해할 것이다.

당신을 고요하게 해 마음을 잠잠하게 만든다.

그리고 외부로부터 오는 생각과 인상 모두를
차단하라.

그러면 당신은 순수한 영혼의식 안에 머물게 되어
영혼에서 전달되는 인상들을
막힘없이 인식할 수 있다는 것을 알게 된다.

그때 당신은
물질 세상의 모습과 인상을 알려주기 위해
외적인 마음이 존재했던 것처럼
영혼 깊숙한 내부에는, **영적인 실존**을 전해주는
무언가가 있다는 것을 깨닫게 된다.

이렇게 내면의 가장 깊숙한 곳에 존재하는
상위의 의식이,
당신의 **상위자아** 혹은 **영적 자아**의 의식이다.

실제로 오직 하나의 **자아**만이 존재한다.

하지만 이렇게

여러 가지 의식이 있는 것처럼 설명하는 이유는

당신에게, 어떻게 인간 안의 **신의 영**인 **상위자아**가
신성한 의식 안에 존재하는 인간 존재의 중심으로부터
영혼의식으로 내려오거나 뻗어 나간 다음,
인간의 뇌에 이 의식을 주면서
유한한 마음 안으로 나오게 되었는지를, 그리고
이제는 이 유한한 마음이 인간에게
자신의 의식이 분리되었다고 생각하게 했는지를
보여주기 위해서다.

사실 이 의식들 모두는,
유한한 마음이 **영혼의식**을 사용할 수 있게,
단 하나의 **신** 의식이 낮춰져 희미해진 것일 뿐이다.

당신의 참모습은 신이다

YOUR GOD SELF
당신의 신적 자아

그렇다면 당신 내부 깊은 곳의 **상위 자아**이자
신의 영은 진정한 당신이자,
당신 삶의 모든 활동을 이끌어오면서 당신을 통해
실제로 모든 것을 해왔던 **참자아**이다.

이 **참자아**는 어떤 일을 할 때
시작하기도 전에 끝을 명확하게 보면서
자신이 하는 일이 무엇인지를 알면서
모든 책임을 지고 있다.

이제 당신은
당신의 인간적 개성이 어떤 일도 하지 못하고,
결코 어떤 것도 하지 않았다는 것을 알게 됐을 것이다.

당신이 지닌 모든 힘과 지혜와 생명은
상위자아로부터 주어졌다.

그리고 당신이 어떤 모습이길 바란다면,
무언가를 하고자 한다면, 어떤 것을 갖고자 한다면,
그리고 당신의 영혼이 갈구하는
자유, 행복, 평화를 얻고자 한다면
이 **자아**를 제대로 이해해서
그와 협력하는 방법을 배워,
당신이 어떤 일을 할 때에도 **그**를 기다리고 섬겨야 한다.

이것이 당신에게 주어진 의무이다.

이것을 이해한 당신은 이제
세상의 많은 것들을 원했지만 실패했던 이유가
당신의 **상위자아**에게 의지하지 않아서라는 것을,
그리고 어떤 일을 하면서
상위 자아의 역할을 알지 못한 채
보잘것없는 개성의 힘으로 얻으려 했기 때문이었음을 깨달았을 것이다.

당신은 전적으로 혼자 힘으로 이루려 했기에
상위자아가 당신을 거듭해서 실패하게 만들었다.

당신은 결국 스스로 하는 것의 무용함을
깨닫게 된 곳까지 이르렀다.

그래서
이제 기꺼이 **상위자아**를 향해 돌아선 당신은
그가 짐을 대신 받아주기를 기대하면서
겸손한 마음과 기쁜 마음으로
모든 것을 내려놓은 채 그에게 전적으로 기댄다.

모든 사람, 특히 진리를 찾는 사람이라면
반드시 이곳까지 이르게 된다.

왜냐하면 인간적 마음을 지닌 자아가
겸손하게 되어 완전히 포기될 때까지는
인간 마음이 허상이고 인간 안의 **신**만이 실재한다는
진리를 받아들일 수 없기 때문이고,
인간 마음이 자신을 **신**에게 온전히 바칠 때까지는
신이 모든 일을 할 수 있고 모든 것을 제공한다는
진리를 받아들일 수 없기 때문이다.

이 글을 읽는 당신이 이곳까지 이르렀다면,
그래서 진정으로 당신 자신을
내부의 **신적 자아**에게 바칠 준비가 되었다면
이제 당신이 따라야만 하는
위대하면서도 간결한 법칙을 말해주겠다.

A SIMPLE LAW
위대하면서도 간결한 법칙

그 법칙은 바로 이것이다.

당신에게 주어진 일이라면 그것이 무엇이더라도
당신의 신적 자아를 기쁘게 하기 위해
당신이 알고 있는 방식으로 최선을 다하라.

왜냐하면 당신을 지금 현 위치에 놓아,
당신이 해야 할 특별한 임무를 준 것이
신이었기 때문이다.

신은 이것을 통해 당신의 인간 마음에게
당신이 배워야 할 교훈들을 가르치려 하였고,
당신의 자아를
신의 쓰임을 위한 완벽한 도구로 만들기 위해
현재 부족한 영적 자질들을 계발시켜 줄
최선의 방법과 기회를 제공하려 하였다.

신이 당신에게
이 모든 일들과 문제들을 가져다준 것이라면
이제 자신을 온전히 **신**에게 바친 당신이
당신 앞에 주어진 일을 할 때 신경 써야만 하는 것은,
이 일을 하는 데에 필요한 힘과 지혜와 능력을
신이 당신에게 주고 있기에 이 일에 대한 결과는
당신이 아닌 **신**의 소관이라는 것을 아는 것, 그래서
당신 앞에 주어진 일에 최선을 다해서 하는 것뿐이다.

당신은 **신**을 전적으로 믿어
신에게 모든 책임을 온전히 지웠던 적이 있었나?

그로 인해
당신의 마음을 막아 당신에 대한 **신**의 목적을 방해했던
두려움, 의심, 걱정이라는 것들을
마음에서 해방시켰던 적이 있었나?

오직 이런 내맡김을 통해서만
당신은 **신**이 당신의 삶에서 나타내고자 한,
선함과 완벽함이란 것을 만들어낼 수 있는

청정하고 막힘없는 채널이 될 수 있다.

신은 선함과 완벽함에 미치지 못하는 것은
결코 의도하지 않았다.

그렇지 않다면
왜 모든 문제를 **신**이 당신에게 주었겠나?

사랑하는 친구여,
이건 단지 믿음의 문제,
다시 말해 당신 안의 **신**을 믿는 문제일 뿐이다.

그 당시 얼마나 노력했는지는 관계없이
당신이 겪었던 실패들,
이것은 단지 당신이 충분히 믿지 않았기 때문이다.

그렇기에 우리는 당신에게 진지하게 묻고 있다.

당신은 앞서 우리가 말했던 것처럼
모든 지혜와 권능을 가진 당신의 **그리스도**이자,

당신의 **상위자아**이자, 내면의 **신**을 믿고 있는지,
그래서 **그**에게 완전히 짐을 내려놓고
모든 것을 맡길 수 있는지 묻고 있다.

우리는 이 질문을 통해 이 위대한 진리가
당신에게 더 가까이 다가가게 하고 있다.

당신은 그렇게 믿는 법을 배워야만 한다.

그래서 이 믿음이 당신 의식에서
최상의 지배적인 힘이 되게끔 해야만 한다.

왜냐하면
당신의 선함이 자연스럽고 막힘없이 나오는 길을
막고 있는 유일한 것은
당신 안의 그리스도이자 신에 대한
진실한 믿음의 결핍이기 때문이다.

이 뜻은, 만약 당신의 마음에 믿음과 신뢰가 아닌,
두려움과 의심과 근심을 들인다면

두말할 나위 없이 부정적인 상을 만들고,
이로 인해 더 큰 두려움에 사로잡혀
더 많은 영양분을 부정적인 것들에게 주게 된다는
것이다.

이로써 결국 이것들은 당신의 정신 세상에서
생명을 가진 것이 되어 얼마 지나지 않아
완전히 당신의 마음을 지배하게 되며,
당신은 실체가 되어버린 부정적인 두려움과 의심에
더 이상 저항할 수 없게 된다.

당신이 이것들에 굴복할 때마다,
당신은 점점 더 무력해져 간다.

이것은 진실이다.

진실이라면 이것에 대한 해결책은 무엇일까?

오직 한 가지.

모든 문제를 떠나보내라.
그리고 **신**에게 완전히 내려놓아라.

"당신의 손을 씻어라!"
"밑으로부터 나와라."

모든 짐을 **신**에게 던져놓아라.

바로 이것이 당신이 해야 할 일이다.

생각해 보라!
당신은 모든 문제를 던져놓을 수 있나?

도전해 보라.
실제로, **신**은 당신이 그렇게 하기를 원하고 있다.

당신의 **참자아** 안에 있는 **신**에게 말하라.

당신은 일을 끝마쳤다고,
당신은 최선을 다했다고,

이것이 당신이 할 수 있었던 전부였다고
그에게 말하라. 그리고 소용없었다고.

이제 모든 것은 **신**에게 달렸다.

신이 이 일을 처리해야만 할 것이다.

정말 그렇게 해서, 문제를 모두 떨쳐버리고,
진실로 모든 짐에서 "손을 씻어라(손을 떼라)."

이렇게 하기 전까지는,
신의 목소리를 들을 수 있고
신이 당신을 위해 마련해 놓은 것을 알 수 있는
상태에 도달하지 못한 것이다.

그곳에서 정말 자아의 짐을 던져놓게 되면,
더 이상 과거의 두려움, 의심, 걱정을 끌어당기는
부정적인 힘은 사라지고,
당신은 이제 모든 것을 **신**이 돌본다는 확신에 찬
긍정적인 채널이 된다.

왜냐하면 당신은 이제 작은 자아의 힘으로
일을 하기보다 **신에게 신**이 할 수 있는 것을
증명할 기회를 주기 때문이다.

AN ABSOLUTE LETTING GO
완벽하게 내려놓기

당신이 짊어지고 있는 모든 짐을
신에게 던져놓으면서 실제로 모든 것에서 해방되는 것
그래서 아이처럼 자유롭게 되는 것,
바로 이것이 신이 원하는 당신의 마음 상태이다.

이것은 마치 어린아이와 같은 마음이다.

이 모습은 어떨지 보자.

번잡한 도로에 세 살 정도의 아이가 아버지의 손을
꼭 잡은 채 신호등을 기다리며 서 있다.
아이와 아버지는 길을 건너기 시작한다.
이 번잡한 도로를 꽉 메우고 있는 커다란 자동차,
그리고 소음과 소동에 아이는 놀랄까?

그렇지 않다.

아이는 두려움을 보거나 알아채지도 못하고
길을 재촉하는 사람들의 소동과 잡음을 즐긴다.

왜냐하면 **아버지**가 자신을 잘 돌보면서
어떤 상처도 입히지 않는다는 것을 알기 때문이다.

아이는 **아버지**를 마치
자신이 필요한 모든 것을 주면서 자신을 보살펴주는
하느님 아버지처럼 느끼기 때문에, 본능적으로
먹을 것과 입혀줄 것 모두를 준다는 것을 안다.

당신의 **신적 자아**가
당신을 사랑하지 않는다고 생각하나?

신이 **신의** 자손인 당신을
저 아이처럼 돌보지 않는다고 생각하나?

당신이 **신**의 일부인데, **신**이 **그 자신**을 표현하는 데에
당신을 필요로 하지 않는다고 생각하나?

완벽하게 내려놓기

당신은 **신**이 진심으로 당신에게
어떤 고통이나 해악을 줄 수 있다고 생각하나?

당신의 인간 마음이 겪는 고통과
인간 마음이 두려워하는 위협은
단지 깨달음의 빛이 찾아왔을 때 사라지는
어린 시절의 악몽에 불과하다.

게다가 당신에게 주어지는 정신적 고통은
막힘없이 **신**을 표현하는 데에 방해가 되는
당신 자아의 부정적 속성을
모조리 태워버리는 역할을 하고,
당신에게 다가와 계속 당신을 괴롭히는 두려움은
신이 당신을 통해 강해지는 방법을
가르치는 도구가 되어준다.

마음의 통로를 막아서,
신이 **선**을 쏟아붓고 있는 것을 방해하고 있는 것은
바로 이런 정신적인 두려움이다.

그렇다. "정신적인" 두려움이다.

왜냐하면 당신의 마음에만 존재하고
신의 의식에는 존재하지 않기 때문이다.

그렇다면 당신은 반드시
마음에서 이런 부정적인 것 모두를,
즉 의심, 두려움, 걱정,
그리고 특히 당신의 의식 주변에 쌓아 놓은
잘못된 인상들 모두를 씻어내야만 할 것이다.

당신은 여전히 당신 자신을 아픈 모습으로,
혹은 병든 모습으로, 혹은 빈곤한 모습으로, 혹은
많은 것을 결핍한 모습으로 보고 있지는 않나?

그랬다면 이 채널을 막고 있는 것이
이런 마음의 영상이란 것을 깨달아야만 한다.

당신이 생각한 것과
당신의 의식 안에 지니고 있는 것은

항상 스스로를 외부에 나타낸다.

당신이 나타내고자 하는 것과 반대되는
마음의 그림을 지니고서
어떻게 나타내고자 하는 선한 소망이
이루어지기를 기대할 수 있을까?

사랑하는 친구여, 이것이 당신의 문제 전부이다.

낡은 믿음과 상(像)은
당신이 이것들의 본래 모습을 보는 순간,
얼마 지나지 않아 사라진다는 것을 알기 때문에
빛을 피해
잠재의식의 어두운 구석 밑에 몸을 숨겼다.

당신은 이것들을 찾아서 씻어내지 못했다.

당신은 잠재의식으로 내려가서
이런 것들 모두를 파내고 던져버려야만 했다.

왜냐하면 마음 전체가 깨끗해져,
부정적이고 진실하지 않은 생각과 느낌으로부터
모두 해방되고 유지될 때까지는
당신의 **신 의식** 안으로
마음이 들어갈 수 없기 때문이다.

신 의식이란 곳은
자신에 관해 긍정적이고 진솔하고 선하고 완벽한
생각만이 있고, **신**이 보는 것과 같이
모든 것의 실상을 볼 수 있고,
신이 아는 것을 당신이 알 수 있는 곳이다.

이 **신 의식** 상태에서 당신은
막힘없는 완벽한 채널이 되어,
신이 당신에게 주기 위해 오랜 기간 기다렸던
신성한 유산을 받을 수 있게 된다.

IMAGINE THE GOD-YOU
신의 시선으로 보라

이제 당신은
당신의 **신적 자아의 의식** 안에 있다고 상상하고
신의 시선으로
당신이라 불리는 이 자아를 보도록 하라.

그리고 또 당신 주변의 다른 사람들과
당신이 사는 세상 역시
신의 시선을 통해 보도록 하라.

우선,
신은 최상의 지혜, 최상의 사랑, 최상의 권능이면서도,
완벽한 자아로서의 당신이기에
당신의 마음과 몸은 완벽하다.

물론 당신의 육체적 자아와는 다르다.

신의 몸은 인간이 최초로 창조되었던

"신의 형상과 모습"이다.

만약 신이 인간을 자신과 같은 모습으로 창조했다면
과연 누가 인간이라는 완벽한 존재를 바꿀 수 있을까?

인간은 결코 그 일을 하지 못한다.

그렇다면 인간은 여전히 완벽한 존재임이 틀림없다!

그렇다.
다른 모습일 수는 없다.

생각해 보라!
신이 창조했던 완벽한 존재를 과연 누가
바꾸거나 무효로 만들 수 있을까?

그런데 왜 인간이 원래의 완벽한 상태에서
지금처럼 되었는지 물을 것이다.

참인간으로서의 인간은 변하지 않았다.

인간의 참된 모습은 신이 인간을 창조했을 때처럼
당신의 **상위자아**이자 **진정한 당신**이자
완벽한 인간이다.

신은 인간을 여전히 그런 모습으로 보고,
또한 인간은 영원히 그럴 것이다.

귀를 기울여 들어라!

당신과 사람들이 보고 있는 것은
유한한 인간이 창조한 것이지,
신이 창조한 것이 아니다.

이것들은 단지 인간의 환영이 만들어낸
"분리된" 마음의 창조물이고
인간의 뇌 의식이 아니라면 존재하지 않는다.

신이 인간에게 자유의지를 주었을 때
스스로 생각할 수 있는 힘 역시 주었는데,
이 힘이 바로 창조를 뜻한다.

그래서 인간은
선함이라는 **신의 상념**을 품을 수도 있었고,
악이라는 **신의 상념**과 모순된 것을 품을 수도 있었다.

이때 인간은 자신이 가진 **신의** 본성을 깨닫지 못했다.

인간에게는 판단의 기초가 되어 줄 수 있는 것으로
오직 인간적 본성만이 있었고,
유일하게 배울 수 있는 방법은 **신의** 말이나
다른 이의 말을 곧이곧대로 받아들이는 것이 아닌,
자신의 창조물이(사물들, 환경들 그리고 세상 사람들)
아닌 것이 무엇인지를 스스로 생각해서 찾아보려는
것뿐이었다.

그래서 인간은 태초부터 자신의 의식 세상에서
완벽한 환경과 물건들을 만들기 위해
생각하고 창조하려고 노력했고, 그 결과
지금 당신을 둘러싼 것들을 보게 되었다.

우리가 지금 가르치고 있는 진리는,

즉 우리는 스스로 어떤 것도 할 수 없지만,
내부의 신의 도움을 받는다면 모든 것을 할 수 있고
모든 것을 가질 수 있고 그 어떤 존재도 될 수 있다는
이 진리는 갑자기 생겨난 것이 아닌,
과거 세대부터 많은 사람들이 배웠던 것이다.

그래서 **신의** 도움의 손길을 받았던 이들은 지금도
그들의 **그리스도 의식** 안에 들어가 살고 있고,
신과 **하나**가 된 채로 어떤 이들은
하늘나라에서 아버지의 일을 하는 것처럼,
이 땅 위에서 **아버지의 일**을 하고 있다.

THE CHRIST CONSCIOUSNESS
그리스도 의식

그렇다면 그들은
이 **그리스도 의식** 안에서 무엇을 볼까?

그들은 자신들을
완벽한 세상에서 살고 있는 영혼으로 본다.

그리고 그곳의 모든 영혼은,
아버지가 그들을 생각했던 것처럼
젊고 온전하고 아름답고 완벽하며,
모든 것을 자유롭게 사용하며 누린다.

이것은,
그곳에는 모든 이들이 언제나 사용할 수 있는
이로운 것들이 풍부하다는 것을 뜻한다.

항상 필요한 것 모두가 주어지기 때문에
그 누구도 부족함이 없다.

생각을 통해 원하는 것을 창조하기에
당신이 무언가를 원한다면 가질 수 있다.

모든 이들이 원하는 것 모두를 지니고 있기에
당연히 그 누구도
타인에게서 무언가를 빼앗으려 하지도 않고
누군가에게 무언가를 빚지지도 않는다.

그가 해야만 하는 일이란 단지 자신의 마음 안에서
원하는 것을 뚜렷하게 하는 것뿐이고, 그러면
그의 눈앞에서 사용할 수 있게끔 준비되어
완벽하게 형체를 취하게 된다.

이것을 통해
그곳에는 어떤 이기심도 없다는 것을 알 수 있다.
왜냐하면 그곳에는
이기적 욕심이 없는 사람들만 살기 때문이다.

그곳에는 어떤 불법도 없다.
왜냐하면 정의의 법칙이

모든 이들의 의식을 지배하기 때문이다.

그곳에는 악이 없다.
왜냐하면 악, 죄, 병, 부조화, 불행이란 것은
유한한 마음의 창조물이란 것을 알았기 때문이다.

그리고 이기심이 없는 자는
그의 **그리스도 의식** 안에 있으면서
더 이상 부정적인 것들에 대해 생각할 수 없기에,
부정적인 것들을 창조할 수 없다.

당신은 이것을 통해,
왜 우리가 외부 세상에 책임이 있는지, 그리고
우리가 어떻게 책임을 지고 있는지를 이해했는가?

외부 세상은 인간 자신이 만든 것이지,
신의 창조물이 아니다.

그리고 당신은
기억이 되살아나 오직 진리만을 보게 될 때

탕아가 돌아가게 될 세상이 어떨지,
당신을 향해 두 팔을 벌리고 있는
하늘나라의 **아버지**를 만나게 될 **신**의 세상이 어떨지,
당신의 천상의 집인 **아버지의 왕국**이 어떨지
이해했나?

자, 당신을 기다리고 있을
천상의 **아버지**는 과연 누구일까?

그는 신으로서의 당신,
언제나 당신의 영혼 깊은 곳의 **의식** 안에 있고
원할 때면 언제나 돌아갈 수 있는 당신의 **참자아**이다.

당신이 해야만 할 일이란,
단지 인간 마음의 외부 세상으로부터
당신의 의식을 압박하고 있는 것을 내던지고
영의 내적인 세상을 향해
의식의 초점을 맞추는 것이다.

특히 외부의 상황들, 이것이 얼마나 단단하고

큰 힘을 행사하는 것처럼 보일지라도
당신은 이것들을 보거나 말하거나 혹은
마음에 머물게 하지 말아야 한다.

왜냐하면 이것들은
단지 인간 마음의 세상 안에서만 존재할 뿐,
신으로서의 당신이 보고 사는 참세상 안에는
존재하지 않기 때문이다.

만약 당신이 이렇게 단호히 한다면
이 내부 **왕국**의 실체에 대한 증거를 갖게 될 것이고,
신의 목소리를 듣게 될 것이다.

그리고 **신이** 하고자 하는 것과
당신을 위한 **신**의 목적이 무엇인지에 관하여
확실한 인도를 받게 될 날이 곧 도래할 것이다.

생각해 보라,
신이 당신에게 목적을 갖고 있지 않다면
왜 이렇게

당신의 마음과 개성을 훈련시키고 발전시키려고 할까?

진실로, **신**은 **자신**이 하고 있는 일이 무엇인지,
왜 하고 있는지를 안다.

당신이 당신 자신을 완전히 **신에게** 바치게 될 때
신은 당신을 **신의 의식**에 데려다 놓을 것이고,
그곳에서 당신은 태초부터 **신이** 의도했던 것들을
신과 함께 하게 될 것이다.

하지만 이것이
당신이 누리게 될 기쁨의 전부는 아니다.

그곳에는 당신처럼 **신을** 찾아낸 이들,
새롭고 경이로운 자아를 찾아낸 이들이 함께 있다.

아름다운 세상, 그리고
그곳 안의 아름다운 동료들이 함께 한다.

유한한 마음이 창조한,

계속 변화되는 지금 이 세상보다 더 진짜 세상이다.

그렇다.
그들은 그들의 영원한 집인,
신 의식의 왕국을 발견했다.

이곳은 예수 그리스도 역시
그가 살았던 시대의 백성들에게
많은 우화를 통해 묘사했던 곳이다.

자신의 사명을 모두 끝낸 후에 **예수가** 가게 된 곳,
지금 **그가** 살고 있는 곳, **그를** 따르는 **제자들**과
함께 일하고 있는 곳으로 묘사됐다.

그들에게는 **예수 그리스도가** 뚜렷한 실체이고,
살아 있는 **교사**이자 **인도자**이자 **친구**인 것이다.

그리고 **예수 그리스도**는
자신을 따르는 사람 모두에게 **자신을** 나타내고
하늘나라를 이 땅의 인류에게 가져올

위대한 날을 위해
사람들을 준비시키고 있다.

THE NEXT STEP
다음 단계

이것은 자신에 대해, 그리고
자신의 세상 속 모든 것들에 대해
항상 참된 생각만을 하는 사람에게는
어떤 일이 가능한지를 보여주고 있다.

앞서 보여줬던 경이로운 진리들로 인해
당신을 둘러싼 과거의 의식과 환경에서 벗어나
당신을 기다리고 있는
새로운 의식에 들어가려고 했다면
이제는 당신이 해야만 하는 일을 하는 것이
보다 쉬워졌을 것이다.

자유로 가는 길은 당신에게 이미 보여줬다.

하지만 당신은 그 길을 직접 걸어야만 한다.

그 누구도 당신을 위해 대신해줄 수 없다.

떠밀려서 그곳에 도달하거나
혹은 갑자기 **왕국** 안으로 솟아오르거나
실수로 미끄러져 그곳에 들어가지는 못한다.

그 길은 험준하고 가파를 것이다.

그렇더라도 당신은 그 길의 모든 계단 하나하나를
직접 올라가서
왕국에 들어갈 권리를 스스로의 힘으로 얻어야만
한다.

전력을 다하지 않는 자와 결단력이 약한 자는
결코 해낼 수 없는 여정이다.

만약 이제껏 보여준 진리를 확신한다면
다음 단계는
이 진리의 진실 여부를 증명해 보는 것이다.

우선 당신의 **참자아**를 완전히 이해하고,
그 후 **참자아**를 당신 자신으로 여기면서

참자아의 의식으로 일상생활을 함으로써
이것의 진실을 증명해 볼 수 있다.

당신이 실제로 내부의 **참자아**를 느낄 때까지,
그리고 힘과 소생하는 생명력과 에너지를 주고 있는
참자아를 느낄 때까지, 그리고
당신이 이것을 자각해 짜릿함을 느낄 때까지
매일 같이 해보라.

그 후에 외형만을 보고 있는
당신의 눈과 마음을 굳게 닫아라.

외형이라는 어둠의 그림자가 숨기고 있는
선함과 완벽함을 꿰뚫어 응시하면서
당신의 생각이 **참자아**의 생각이 되게 하라.

만물 안에 감춰진 선함과 완벽함만을
계속해서 보고 들을 수 있도록 끊임없이 노력하라.

당신이 하고자 한다면 이 일을 할 수 있다.

당신이 진심으로 선함과 완벽함만을 보고자 한다면
당신은 어디에서라도 볼 수 있다.

이렇게 하고자 하는
가슴속의 진지한 열망을 가진 당신은
내부의 선인, 당신의 **신 의식**에 연결될 수 있다.

이때 마음은 밝혀져
유한 의식의 그림자는 사라지고
영적인 눈과 **영적인** 귀를 회복해,
그것으로 보고 듣게 될 것이다.

신적인 자아를 기쁘게 하려는 진실한 욕망으로
가득하다면 당신은 이 일을 하는 데에
도움의 손길이 주어지는 것을 보게 될 것이다.

특히 당신이 진실로 **신적인 자아**를 믿을 때
도움의 손길은 더욱 강해질 것이고,
그가 했던 다음의 말을 이해하게 될 것이다.

그대가 내 안에 머물러서
나의 말이 그대 안에 머물게 한다면,
그대는 그대가 하고자 하는 것을 청할 수 있으니,
그것은 이루어질 것이다.

당신의 믿음이 절대적인 것이 될 때
더 이상 부족함이 없을 것이다.

왜냐면 당신은 **그의** 모든 것, 그가 가진 모든 것이
당신의 것임을 알게 될 것이기 때문이다.

신은 계속해서 당신에게
마르지 않는 **그의 왕국의** 풍요를 주고 있기에
더 이상 청할 필요조차 없어질 것이다.

사랑하는 친구여,
이것이 바로 당신이 했으면 하는 일이다.

즉, 마음에서 의심, 두려움, 걱정,
거짓된 생각, 결과에 대한 걱정을 제거했을 때

신이 당신을 통해 모든 일을 완벽하게 할 것임을 알아,
당신이 매 순간 어떤 일을 하든,
모든 것을 **신**에게 맡기고 전적으로 의지해서
신 의식 안에 머물러 보았으면 한다.

당신이 이것을 한다면 당신은 **신**이 의도한 대로,
그리고 당신의 유한한 생명 모두를 준비해왔던 대로
당신 안에서 **신**의 생명이 진실로 살아
당신 안에서 **신**의 의지가 행해질 수 있다.

GOD AND MAMMON
신 그리고 마몬

현재 인류에게 주어진 시련 속에서
이것들이 왜 주어졌는지 그리고
이것들의 목적은 무엇인지를 궁금해하며
그것으로부터 벗어나고자 하는 사람들이라면
다음의 산상수훈 구절에서 그 답을 찾게 될 것이다.

다음의 구절이 우리가 논의하고 있는 질문에
얼마나 놀랍고도 올바른 해답을 제시하고 있는지,
그리고 우리가 위에서 말했던 것들 모두를
완벽하게 확인시켜주는지를,
당신에게 보여줄 것이다.

다음의 중요한 문장들부터 보겠다.

어떤 누구도 두 명의 주인을 섬길 수는 없으니,
이것은 그가 하나를 미워하면

다른 하나를 사랑하거나,
혹은 하나를 중히 여기면
다른 하나를 무시하기 때문이다.

당신은 신과 마몬(재물과 탐욕만을 쫓는 악마)을
동시에 섬길 수는 없다.

이것이 뜻하는 것을 곰곰이 생각해 보라.

과연 두 명의 주인을 섬기지 않으려는 자는
몇이나 될까?

당신이 신을 섬기려 하는 것은 맞다.

하지만 지금 현시점에서
돈과 그것의 힘을 두려워하고 있지 않나?

과연 그 누가 돈의 힘에 고개를 숙이고 있지 않나?
과연 그 누가
돈이 미치는 힘에 조금도 영향받지 않나?

일상에서 돈이 당신에게
막대한 힘을 행사하는 것을 익히 잘 알면서
과연 그 누가 그것에 무릎을 꿇지 않을 수 있으며,
과연 그 누가 자신의 생각과 행동에 영향을 미치는
돈의 힘에도 불구하고 두려움 없이 행동할 수 있나?

실제로 마몬의 힘,
즉 돈의 힘이 당신에게 미치는 영향력은
신이 미치는 영향력보다
열 배, 아니 백 배는 많지 않나?

그러면서도
당신은 마몬을 섬기지 않는다고 말하고 있는가!

사랑하는 친구여,
계속 지금과 같은 식으로 살 수는 없다.

당신은 더 이상
두 명의 주인을 섬길 수는 없다.

이제 둘 중에 누구를 섬겨야 할지 정할 때가 됐다.

신인가, 마몬인가?

당신은 이런 시련이
왜 인간에게 주어졌다고 생각하는가?

그 이유는 과거에 당신이 **신**과 **마몬**, 둘 모두를
섬기려 했었기 때문이고
이제 둘은 그들의 지지를 철수했고
당신이 스스로 둘 중 하나를
선택하게끔 하고 있기 때문이다.

그래서 결국 당신은
스스로 아무것도 할 수 없다는 것을 배우는 중이며
이제는 선택의 시간이 왔다.

과연 누구를 섬길 것인지, 누구에게
충성을 서약할 것인지를 선택해야만 한다.

진리를 구하는 모든 구도자라면
반드시 이 선택을 해야만 한다.

물론 구도자가 아닌
단순히 **신**의 도움을 구하는 사람이라도
이 선택을 해야만 한다.

신을 전적으로 신뢰하면서
진실로 **신**을 섬기는 사람은
현재 상황에 영향을 받지 않고 계속해서 번영한다.

마몬에게 모든 충성을 맹세했던 사람들도
겉보기에는 마찬가지로 크게 번영하는 듯하다.

하지만 응보의 시간이
아직 찾아오지 않았을 뿐이다.

어쨌든 우리는 후자에 관심이 없다.

우리의 관심은 당신, 즉 **신**을 섬겨 마몬의 힘에서 영원히 해방되기를 갈구하는 당신에게 있다.

당신에게 예수의 말을 전한다.

이 말에 귀를 기울여라.

이것은 틀림없이 지켜질 약속이며
당신에게 주는 매우 명확하고 확실한 교훈이다.

그래서 네게 말하니,
네 목숨에 대해 무엇을 먹을지,
무엇을 마셔야 할지에 대해 걱정하지 말라.

또한 네 몸에 대해서도
무엇을 입어야 할지 걱정하지 말라.

목숨이 음식보다 중요하지 않은가,
몸이 의복보다 중요하지 않은가?

공중의 새들을 살펴보라.

그것들은 씨를 뿌리지도 거두지도 아니하고,
또한 곳간에 모으지도 아니한다.

그러나 네 천상의 아버지가 그것들을 먹이시더라.

네가 그것들보다 더 귀중하지 않은가?

하물며, 너희 중 누가 걱정함으로 인해
생명을 한순간이라도 늘릴 수 있는가?

그런데 왜 의복에 대해 걱정하는가?

들판의 백합이 어떻게 자라는지 살펴보라.

그것들은 애써 일하거나 실을 짓지도 아니하나,
내가 네게 말하니
솔로몬의 모든 영광도 이 꽃 하나만 같지 못하였다.

그렇기에 신이
오늘 있다가 내일 아궁이에 던져질 들판의 초목도

이렇게 입히시는데,
하물며 너희들은 입히지 않을까?
오, 믿음이 적은 자들아!

여기에서 **신**을 섬기는 자와 마몬을 섬기는 자의
차이를 확연하게 볼 수 있다.

전자는 자신들의 일상에 대해서,
즉 먹고 마시고 입는 것에 대해서
과도하게 신경을 쓸 필요가 없다는 것을 안다.

왜냐하면 그들은 만약 **신**을 믿는다면
신이 이 모든 것을 돌본다고
약속받았기 때문이다.

더군다나 그들은
새나 백합 안에 **신의** 생명이 있는 것처럼
자신들 안에도 **신의** 생명이 있다는 것을 알기에
신이 자신의 생명을 위해서
확실히 먹이고 입히고 제공해줄 것 또한 안다.

신, 그리고 마몬

그런데 마몬 역시 이런 믿음을 요구할까?

아니다.

마몬이 그들의 종에게 요구하는 것은
손실과 결핍과 가난에 대한 두려움이다.

마몬은 이 채찍을 통하여
사람들이 자신의 하잖은 소망을 쫓는
비참한 노예가 되게끔 만든다.

신을 기쁘게 하려는 노력을 하는 전자의 사람들은
사랑과 이타적인 봉사의 삶을 발전시켜 나타낸다.

반면에 마몬에게 더더욱 많은 것을 맡기는
후자의 사람들은 자신들의 이기적인 갈망을
어떻게 만족시킬까를 고민하면서
차갑게 식어버린 존재가 된다.
다음 **예수**의 말에 보다 귀 기울여 보라.

그러므로 염려하여 이르기를,
무엇을 먹을까, 무엇을 마실까,
무엇으로 입을 것을 마련할까 하지 말라.

이것 모두는 이방인이 구하는 것이다.
천상의 아버지께서
네게 이 모든 것이 필요함을 아시더라.

먼저 신의 왕국과 신의 올바름을 구하라.
그러면 이 모든 것이 네게 더해질 것이다.

이방인(Gentiles)은 유대인이 사용하는 말로
"이교도(heathen)" 혹은
"신의 선택"을 받지 못한 자와 동의어로써,
성경에서도 이 뜻으로 사용됐다.

다른 말로 하면 **신**의 선택받은 자, 즉
신을 섬기는 자들은 **신**을 알고서
자신에게 필요한 모든 것에 있어 **신**을 신뢰하지만
이방인들, 즉 **신**의 백성이 아닌 자들은

항상 무엇을 먹을지, 마실지, 어떻게 입을지를
염려하며 산다.

그래서 **예수**는
우리가 만약 가장 먼저 **신의 왕국**을 구한다면
물질적 세상에서 필요한 모든 것이
풍성하게 제공될 것이라고 말한다.

그리고 여기서의 신의 왕국이란
신을 전적으로 믿고 모든 헌신을 신에게 바칠 때 찾아오는 사랑과 평화가 머무는 **신성한 의식** 상태를 말한다.

그렇다면 내일을 염려하지 말라.

내일 일은 내일 걱정할 것이요,
그 날은 그 날의 문제만으로 족하다.

우리가
애정 어린 손길로 돌봐지고 있다는 것을,

그리고 우리에게 필요한 모든 것을
신이 이미 알고 있고 제공할 것이란 것을,
그리고 우리가 지녀야 할 유일한 자각은
신이 새와 백합을 돌보는 것처럼
우리에게 이 모든 것을 주고 있다는 것을,
이 글처럼 간단명료하게 천명하고 있는 것이 있을까?

그렇다면 이것 모두는 결국
믿음과 확고함에 대한 문제로 귀결된다.

그래서 당신은 미래나 그 외의 결과들은
모두 **신**에게 맡기고
우리 앞에 놓인 문제를
우리가 알고 있는 최선의 방법으로 해야만 한다.

사랑하는 친구여, 이렇게 할 수 있겠는가?

지금 결정해야만 한다.
지금이 바로 우리가
어떤 편에 설 것인지를 결정할 시간이다.

아주 짧은 시간만이 남았다.

당신이 섬길 이는 누구인가?

당신의 판단을 도울 수 있게,
더 많은 역경과 험준한 시련이 필요한가?

반쪽짜리 마음이나 분열된 헌신으로는
이 일을 할 수 없음을 기억하라.

이것은 더 이상 용납되지 않을 것이다.

과거의 반쪽짜리 헌신이 가져온
절망이란 경험을 통해
이것이 소용없음은 이미 입증되었을 것이다.

모든 것을, 그러니까
당신이 가진 모든 것을 포기하고, 즉
당신의 존재 전부를 포기하고 **신을** 따라야만 한다.

그리고 **신을** 찾는 것을, **신의 왕국**을 찾는 것을,
신의 생명을 사는 것을
당신의 의식에서 **가장 최우선으로** 만들어야만 한다.

이것은 매일! 매순간! 의 믿음이 되어야만 하고,
신에 대한 생각이
다른 어떤 것보다 우선 되어야만 한다는 뜻이다.

이것이 바로
신이 당신에게서 찾고자 하는 믿음의 모습이다.

그러면, 오!
이 믿음으로 자신을 온전히 **신에게** 바친 당신에게
즐거움과 축복이 가득할 것이다.

서른세개의 계단 책들

네빌 고다드 5일간의 강의 [네빌고다드 지음]
네빌 고다드가 1948년에 5일간에 걸쳐 한 강의와 청중들과의 질문과 대답을 묶은 책이다. 성경과 법칙에 집중한 책이다.

세상은 당신의 명령을 기다리고 있습니다 [네빌고다드 지음]
원제 At Your Command와 8개의 일반 강의를 묶어 책으로 출간했다. 마음의 법칙 전반을 다루고 있다.

네빌 고다드의 부활 [네빌고다드 지음]
네빌 고다드의 7권의 책을 한권으로 묶었다. 그의 강의를 들었던 청중들이 보내준 경험담이 많이 포함되어 있어 흥미롭다.

믿음으로 걸어라 [네빌고다드 지음]
저자가 생전 중요하게 여겼던 성경의 구절들을 하나씩 풀이하여 책으로 엮었다. 한 문장 한 문장이 읽는 이로 하여금 깊은 울림을 준다.

네빌 고다드 라디오 강의 [네빌고다드 지음]
1968년이후 강연을 모았다. 이전까지의 책들이 "법칙"에 치중했었다면 이 책은 "법칙"과 "약속"을 적절히 잘 혼합했다.

상상의 힘 [네빌고다드 지음]
소책자 Awakened Imagination과 음성강의 3개를 한권의 책으로 묶었다. 어떤 상상이 효과적이고 강렬한 상상인지, 왜 상상력이 우리 인간의 본질인지 잘 말해준다.

임모틀맨 1 [네빌고다드 지음]
약속에 관한 강의 중, 가장 핵심이 되는 것만을, 네빌의 팬 마가렛부름 여사가 묶었다. 인간의 불멸의 자아에 관해 강의한다.

리액트 [네빌고다드 지음]
어떤 상황에 대해 우리는 자연스럽게 일정한 반응을 하게 된다. 만약 우리가 이 삶의 반응을 바꿔서, 어떤 상황이 벌어졌을 때 자연스럽게 새로운 반응을 할 수 있다면 우리의 삶은 완전히 달라진다. 리액트에서는 반응에 초점을 맞춰 설명한다.

네빌링 [리그파 지음]
저자가 네빌고다드의 강의를 읽고 삶에서 적용해본 것을 바탕으로 잠재의식과 상상의 법칙을 설명한다. 많은 실수를 고백하고, 그것으로 인해 새롭게 깨닫게 된 경험들을 기록했다.

모줌다, 왕국의 비밀 [모줌다 지음]
그리스도의 참뜻을 알리기 위해 인도에서 온 영적스승 모줌다. 그가 전해주는 쉽고도 간결한 그리스도의 메시지를 한 권의 책으로 묶었다. 동양의 지혜와 그리스도의 메시지가 모줌다에 의해 밝혀진다.

당신 안의 평화 [조셉 머피 지음]
이 책을 읽으면서 모순된 것처럼 느껴지던 성경의 역사적 사실들에 감춰진 일관된 마음의 법칙을 알 수 있을 것이며, 우리의 평화와 행복, 그리고 소망의 성취에 다가가는 길이 바로 내 안에 담겨있는 것을 알 수 있을 것이다.

웨이아웃 [조셉배너 지음]
항상 문제와 씨름하는 현대인에게 가장 필요한 서적. 조셉배너는 이 책을 통해 문제와 두려움을 해결하는 방법을 내려놓음으로 제시한다. 읽어나갈 때마다 조금씩 고요해지고 편안해지는 마음을 느낄 수 있을 것이다.

절대 실패하지 않는 성공시스템 [클레멘트 스톤]

무일푼에서 미국 50대 부자가 된 클레멘트 스톤의 자전적 기록이다. 그는 자신의 자수성가의 비밀을 상상과 믿음이라고 말한다. 세일즈에서 경영에서 어떻게 그 비밀을 사용했는지 보여주는 책이다.

마음의 과학 [어니스트 홈즈 지음]

미국의 신사상운동을 주도했던 홈즈는 종교과학이라는 단체를 설립하고, 체계적으로 자신의 학생에게 형이상학을 가르쳤다. 그 교과서가 된 책이다.

책 내용에 관심이 있으신 분은 방문해주세요.

서른세개의 계단 블로그
http://blog.naver.com/pathtolight

내려놓음. 완벽한 해결책
웨이아웃

2011년 8월 30일 초판 1쇄 발행
2025년 8월 15일 개정판 4쇄 발행

지은이   조셉배너
번   역   이상민
펴낸곳   서른세개의 계단 070.7538.0929
블로그   http://blog.naver.com/pathtolight
ISBN   978-89-97228-25-6 03110
잘못된 책은 바꿔 드립니다. pathtolight@naver.com